ÍNDICE

Introducción 1

Capítulo 1. La rutina diaria 5

Capítulo 2. Cómo cambiar de opinión sobre tus problemas? 11

Capítulo 3. ¿Cómo te afecta esto? 41

Capítulo 4. Cómo solucionar el problema 47

Capítulo 5. Dejar ir ¡Lárgate, energía negativa! 75

Conclusión 85

Buena Voluntad 89

Referencias 91

CÓMO QUERERTE,

SER FELIZ CON TU VIDA Y EVITAR LOS PENSAMIENTOS NEGATIVOS

Técnicas de pensamiento positivo para cambiar tu mentalidad sobre los problemas

Samuel C. A.

¿Por qué es tan difícil cambiar de hábitos? Porque están protegidos por el cerebro; tu cerebro se da cuenta de que tienes un comportamiento específico y busca que ese comportamiento sea lo más eficaz posible, solidificándolo en un hábito gracias a la memoria muscular, el condicionamiento y la repetición. Sin embargo, el cerebro no discierne qué hábitos son buenos y cuáles son malos, sobre todo a largo plazo.

Este libro te guiará, paso a paso, en tu cambio de mentalidad, mediante el uso de ejercicios diarios que harán tu vida más amena y sencilla. Este libro te ayudará a enfrentarte a los problemas cotidianos, estableciendo un sistema de recompensas y mediante la implantación de pensamientos de abundancia.

La mentalidad de abundancia te llevará a tener más amor propio; tendrás más energía mental para confiar en tu capacidad de mantener esta forma de pensar. Verás cómo aumenta tu autoconfianza a medida que aprendas a dar cada día más prioridad a tu salud mental, y te adentrarás en un nuevo autodescubrimiento al permitirte ser vulnerable contigo mismo. Es una posición privilegiada porque es más fácil alcanzar el éxito personal cuando puedes prosperar en la vida, no solo sobrevivir. Adquirir la adecuada mentalidad de abundancia puede llegar a ser un reto, pero merece la pena. Cuando tu raza, orientación sexual y/o género se consideran marginales o incluso ilegales, tu mente puede empezar a aceptar que el mundo nunca será seguro para ti. Las personas marginadas tienen más probabilidades de sufrir discriminación por el trauma intergeneracional. Como muchas personas durante la pandemia, estar en modo de supervivencia casi siempre va acompañado de un pensamiento de escasez. Este viaje hacia una mentalidad positiva supondrá un reto para muchas personas, pero recuerda ser indulgente contigo mismo y practicar a tu propio ritmo.

Nos centraremos en la accesibilidad y la asequibilidad de todos los ejercicios de aprendizaje y en un fuerte enfoque en la sensación general de bienestar.

Al igual que en la película *Matrix*, Neo, el protagonista de la película, tiene la opción de continuar el viaje de autodescubrimiento o ignorarlo y vivir en la ignorancia. "La elección es una ilusión creada entre los que tienen poder y los que no lo tienen", cita de la película.

Voy a pedirte que hagas una promesa, no a mí, sino a ti mismo. Puedes elegir perseguir una buena vida, o no hacer nada, y seguir siendo lo miserable que eres. ¿Te permitirás tener toda la fuerza mental necesaria para superar los obstáculos de tu vida? ¿Te permitirás ser feliz por fin?

1. Sí
2. No

Firma: ____

Fecha: ____

Si la respuesta es SÍ, vamos a aumentar tu energía con el Capítulo 1, La rutina diaria.

Capítulo 1

LA RUTINA DIARIA

Son las seis de la mañana y te obligas a levantarte para prepararte para ir a trabajar. Te lavas lentamente los dientes y fantaseas con tener una taza de café en las manos. Ahora, solo tienes tiempo para coger rápidamente una barrita de cereales. Desearías tener más tiempo para prepararte un desayuno de verdad, ¡algo que no te diera hambre al cabo de una hora de haberlo consumido! Sales corriendo por la puerta y ves que acabas de perder el autobús que te lleva al trabajo. Ahora llegas tarde y empiezas a plantearte si tomaste la decisión correcta al aceptar este trabajo sin pensarlo detenidamente.

Por fin llegas al trabajo y te disculpas por llegar tarde. Te quedas mirando el reloj hasta que puedes alejarte de este escritorio. El tiempo pasa muy despacio. Celebra que lo has conseguido sin tener una mini crisis nerviosa. Te recompensas por haber llegado al final de la jornada con comida para llevar. Estás demasiado cansado para cocinar. Vuelves a casa, abres la puerta y corres hacia la televisión para desconectar de tu agotamiento mental. Después de comerte la comida para llevar, te quedas en el sofá, relajándote, y pierdes la noción del resto de la noche. Antes de que te des cuenta, es hora de irte a la cama, pero no sin antes recibir un subidón de dopamina de las redes sociales. Vuelves a perder la noción del tiempo y te duermes con el teléfono. La rutina diaria continúa una y otra vez.

Y entonces ocurre: una pandemia mundial. Todo el mundo tiene miedo de respirar, empieza el distanciamiento social y la gente se mantiene cada vez más alejada de los demás. Haces lo que te dicen y te aíslas en tu casa. Tu trabajo se ha vuelto remoto y esperas: esperas a que todo esto termine.

¿Te preguntas cuándo podrás volver a ver a tu familia y amigos? Echas de menos a tus abuelos ancianos, pero no puedes verlos en persona ni arriesgar su salud. Como tu rutina diaria ha cambiado ligeramente y los desplazamientos ya no forman parte de tu día, te levantas y tienes tiempo para desayunar. Te sientes fatal por decirlo, pero necesitabas el descanso. Estabas al borde del agotamiento. Te ayudaría tener unas vacaciones antes de esto. ¿Cuánto puede durar esto? Un par de meses como mucho.

Cuando llevas unos dos años en tu nuevo trabajo a distancia, tu jefe te pide que vuelvas a trabajar físicamente en vez de a distancia. Supones que necesitas reintegrarte en la sociedad, ya que tus habilidades sociales han sido golpeadas por la falta de interacción social. Estabas soltero antes de que esto ocurriera, has perdido dos años de oportunidades y quizá nunca vayas a encontrar a la elegida. No recuerdas la última vez que tuviste una cita. Quieres empezar a salir de nuevo, y la obligación de llevar acaba de terminar. Es el momento perfecto, pero primero tienes que volver a acostumbrarte a ir al trabajo.

Vuelves al trabajo y, al cabo de una semana, todo el mundo tiene covid-19, incluido tú. Después de dos años, viste a tus abuelos, y ahora tienes que volver a esperar. Tienes miedo, te sientes como si te hubiera atropellado un autobús, y el agotamiento físico es terrible. Tienes que echar dos siestas al día para poder funcionar. Vives a base de comida para llevar. Aparece tu ansiedad social, la depresión y te sientes solo porque *estás* solo. Lees en alguna parte que la lectura te transporta a mundos diferentes a través de la narración. Lo intentas. Después de leer un libro sobre salud mental, te das cuenta de que tu forma de pensar está bloqueando muchas de tus bendiciones. Te curas de tus síntomas de COVID y empiezas a saborear y oler con regularidad de nuevo. Continúas tu búsqueda de respuestas y tropiezas con este libro.

Llena tus pulmones de aire fresco, aguanta la respiración durante cinco segundos y luego exhala todo el aire por la boca. Sé que parece que han cambiado muchas cosas en este tiempo, pero eso no tiene por qué ser malo.

Reescribir la rutina

Crear un espacio más seguro implica liberarte de la discriminación y tener la capacidad de expresarte a través de tu vulnerabilidad. Esta vulnerabilidad es la fuente de comunicación con tu auténtico yo, estableciendo una conexión con un lugar interior de apoyo. Debes priorizar el establecimiento y el cumplimiento de una hora recurrente cada día para tu espacio más seguro. Te aíslas de la gente y de las distracciones, para no interrumpir el estado de flujo al conectar con tu lugar de apoyo interior. La mejor práctica en la gestión del tiempo para esta conexión es, idealmente, por la mañana, porque es cuando hay menos distracciones.

A medida que vayas avanzando por los capítulos, irás creando poco a poco una lista de reproducción de música curativa que te recuerde que tienes el poder de cambiar tu forma de pensar a diario. Si no te gusta especialmente o no tienes el mismo gusto musical que yo, lo comprendo, pero no está de más intentarlo, ¿verdad? Haz tu propia lista, si lo prefieres. Por muy mala que parezca la situación, siempre hay una forma de cambiar de perspectiva y encontrar una solución observando distintos ángulos.

Reescribamos la historia, que hemos puesto de ejemplo, desde un ángulo distinto. ¿Qué tres cosas buenas han ocurrido en esta historia?

- No perdiste tu trabajo durante la pandemia mundial. En cambio, tu vida se hizo un poco más fácil con el trabajo a distancia, al vivir sin el estrés y los gastos de desplazarte a un lugar físico.
- Evitaste un agotamiento importante y un colapso trabajando por encima de tus posibilidades.
- ¡Has recuperado el gusto y el olfato después de sobrevivir al CO-VID!

Este ejercicio es un ejemplo de diario de gratitud. Al final del día, antes de acostarte, acuérdate de escribir las tres cosas por las que estás más agradecido y escribe *gracias* después de cada anotación.

Lista de control

- Empieza un diario de gratitud y escribe al menos una frase al día. Puedes escribir sobre cualquier cosa, y no hay reglas excepto que todo lo que escribas debe ser algo por lo que estés agradecido. -Gracias. (¿Has visto qué fácil?)

- En una página aparte, escribe una entrada de diario después de escuchar la canción "Good Job" de Alicia Keys. ¿Cómo te hizo sentir la música? Harás esto para cada capítulo, así que acostúmbrate a mantener un espacio aparte para tu interpretación musical.

Nota: Este libro fue escrito originalmente en inglés, pensando en lectores de habla inglesa. Si no dominas el idioma, puedes simplemente escuchar la canción, o buscar un vídeo con subtítulos en español, o elegir una canción a tu gusto, que te haga sentir bien.

Capítulo 2

CÓMO CAMBIAR DE OPINIÓN SOBRE TUS PROBLEMAS?

¡Tu intestino es tu segundo cerebro! El sistema gastrointestinal también es vulnerable a experimentar agotamiento e incluso puede provocar agotamiento mental, físico y emocional.

El intestino tiene una red denominada *sistema nervioso entérico (SNE)*; este sistema es cuasi autónomo. Para explicar qué es "cuasi autónomo", más allá de la simple combinación de dos palabras, tomemos el ejemplo de un adolescente. Técnicamente, los adolescentes pueden valerse por sí mismos, pero necesitan una forma de liderazgo para orientarse. Cuanto más sano mentalmente sea ese liderazgo abierto, mejor será en general para el éxito del adolescente. El SNE puede funcionar sin comunicarse con el cerebro; es una red de neuronas en las paredes gastrointestinales, desde la garganta hasta los intestinos; se encargan de mantener todo en orden y funcionando sin problemas.

El Ayurveda es una práctica de medicinas y ejercicios naturales del sur de Asia. Según las enseñanzas del *Ayurveda,* un sistema digestivo desequilibrado es la causa de la mayoría de las enfermedades y trastornos del mundo.

¿Alguna vez te has levantado más agotado que cuando te acostaste y has tenido que tomarte un día libre para descansar porque no podías hacer nada que requiriera concentración mental? Esta sensación de estar quemado mentalmente es un signo de falta de homeostasis. *La homeostasis* es permanecer en un estado organizado, centrado y en armonía con la función. Se habla de disbiosis intestinal cuando tu microbioma intestinal está desequilibrado. El sistema gastrointestinal tiene billones de bacterias buenas y bacterias dañinas. Las bacterias buenas protegen el sistema *gastrointestinal (SGI)* de la superpoblación de bacterias nocivas, estas últimas causan inflamación en el intestino. Este SGI inflamado puede volverse crónico si se ignora y puede provocar quemaduras en el SGI y causar cáncer de colon. Los probióticos (bacterias buenas) pueden encontrarse fácilmente en alimentos como el yogur o en suplementos específicos.

Existe una conexión entre el sistema nervioso entérico y el sistema nervioso central denominada eje intestino-cerebro. Este eje intestino-cerebro es una vía directa entre el sistema gastrointestinal y el cerebro, sin obstáculos ni interrupciones. Esto indica por qué existe un amplio almacenamiento de serotonina en el sistema gastrointestinal. La serotonina es un neurotransmisor que suele darte la sensación de ser feliz y una sensación general de buen bienestar. Este amplio almacenamiento de serotonina es la razón por la que la psicoterapia dirigida al intestino está en auge. Se muestra prometedora en síntomas específicos dirigidos al individuo, en lugar de lo que padece la población general.

Los estudios sobre la serotonina han sugerido una correlación entre el estreñimiento y la depresión. El estudio del eje intestino-cerebro es un lugar de investigación creciente, y podría explicar por qué experimentamos emociones en nuestro intestino. El sistema gastrointestinal tiene más poder sobre el cerebro del que pensamos.

¿Cómo encaja la salud mental en todo esto? Tu salud mental es el estado actual de tu mentalidad. Si tienes muchos pensamientos negativos, estás en un estado negativo de salud mental. Este estado mental negativo es un entorno tóxico. Otros pueden influir en él. Por ejemplo, los estándares de belleza poco saludables están por todas partes en los medios de comunicación y en la sociedad. Esta motivación externa negativa corrompe la mente en un terrible ciclo de auto abuso. Si experimentas un diálogo interior, con mayoría de pensamientos positivos, te encuentras en un estado positivo de salud mental. Si tienes un microbioma intestinal poco saludable, con demasiadas bacterias nocivas, el vínculo con la depresión y la ansiedad puede afectar a tu salud cerebral. La depresión y la ansiedad que empiezan en el cerebro también pueden afectar a la salud del colon, inflamándolo y provocando diarrea o estreñimiento.

Futuros falsos y adivinación

La depresión es revivir el pasado y desear un futuro falso, y la ansiedad es pensar en la suerte y crear futuros falsos.

¿Qué es un futuro falso? Es una situación hipotética orquestada por tu ansiedad, como son las interacciones simuladas con personas, que se crean en tu cabeza. ¿Cuántas veces ha creado tu cerebro estos futuros falsos? En un mal día, ¡podrían ser 120 veces por minuto!

Lo hacemos todos los días, desde la inocente invención de una historia emocionante como inspiración mientras das tu paseo diario, hasta el pensamiento no tan inocente de inventar enfrentamientos hostiles con desconocidos mientras das ese mismo paseo diario. Un paseo es bueno para tu salud mental, y el otro no.

Las afirmaciones son frases que te recuerdan que debes ser positivo. Para mantenerte en un buen estado de ánimo, repite afirmaciones como:

"¡Te veo, futuro falso! ¡Adiós negatividad!"

"¡Tengo el poder de enfrentarme a la realidad! ¡No huiré!"

Ponerse en tu propio camino se traduce en un discurso interior negativo que te impide disfrutar de tu auténtico yo.

Una forma de futuro falso puede provenir de la asimilación. La asimilación es cuando te entrelazas con la cultura del dominio actual y olvidas tu autenticidad. Por ejemplo, los ciudadanos de primera generación de un país comparados con sus padres inmigrantes.

El otro aspecto negativo de la depresión, como ya he mencionado, es revivir el pasado. Como humanos, nuestra memoria no nos sirve de mucho. Cada vez que recordamos algo, lo modificamos ligeramente. Nuestros recuerdos se parecen más a un videojuego que a situaciones de la vida real.

Tú y otras personas influidas podéis alterar el recuerdo original. Tu cerebro puede recordar cosas que nunca ocurrieron o cosas que ocurrieron de forma distinta a como tú las recuerdas. Este tipo de recuerdos se llaman falsos recuerdos. A veces, estos falsos recuerdos pueden incluso llevar a una persona inocente a la cárcel. Cuando otros te dan información errónea sobre algo que has vivido, puede cambiar lo que recuerdas. Por ejemplo, eres testigo de un accidente de coche y te preguntan si había cristales rotos en el lugar. El hecho de que la persona te pregunte si había cristales rotos está alterando el recuerdo si, en primer lugar, nunca prestaste atención a los cristales rotos. Ahora es más probable que respondas *afirmativamente* solo porque alguien te lo preguntó.

Por otra parte, el otro aspecto negativo de la ansiedad es la adivinación. La adivinación consiste en predecir acontecimientos o situaciones futuras. La adivinación combinada con el miedo a la ansiedad hace que te sientas muy incómodo. Una forma muy extendida de esta ansiedad adivinatoria es el síndrome de la bata blanca; cuando te sientes completamente normal en casa y entras en una institución médica, te sube la tensión arterial.

¡Mi juicio sobre mí NO es un reflejo de mi autoestima! Aunque lo haya inventado en mi mente.

Por ejemplo, la ansiedad social es la ansiedad de estar rodeado de gente. Esta ansiedad ha aumentado desde la pandemia mundial y las estrictas restricciones al distanciamiento social debidas al brote de COVID-19. La ansiedad social se deriva de la falta de confianza y de la falta de autoestima por miedo a que la gente no acepte tu autenticidad.

"Después de vivir en una burbuja, resulta incómodo mezclarse de nuevo", escribe la Dra. Monica Vermani en *Un bienestar más profundo: Conquistando el Estrés, el Humor, la Ansiedad y los Traumas.*

Hay que darse cuenta de que el cambio es normal, y también lo es salir de tu zona de confort. Los seres humanos somos criaturas innatamente sociales, y la ansiedad social no se alinea con nuestro ritmo natural de ser.

La depresión funcional, también conocida como *trastorno depresivo persistente*, es una forma de depresión en la que las personas pueden realizar sus actividades cotidianas, a diferencia del *trastorno depresivo mayor*, que te deja debilitado y tan agotado mentalmente que no puedes funcionar.

La depresión funcional la encontramos en alguien increíblemente bueno en ocultar su depresión a todo el mundo durante años. El enmascaramiento es el acto de fingir una personalidad para ocultar los problemas de salud mental con los que te enfrentas, utilizando una narrativa falsa. Personas como Anthony Bourdain o Kate Spade son, por desgracia, personas que perdieron sus batallas contra la depresión altamente funcional. El estigma de llamar depresión funcional a las personas que luchan contra ella está en todos nosotros. Todavía te permite participar en la sociedad continuamente, y este estigma hace que cada vez menos personas con este problema mental busquen ayuda.

El trastorno depresivo mayor puede dejarte en un estado muy parecido al de una persona que está de duelo por un ser querido. El trastorno bipolar consiste en experimentar episodios maníacos increíblemente felices emparejados con episodios depresivos muy oscuros, en distintas variaciones por individuo.

La gente subestima tu depresión porque puedes funcionar en sociedad, pero eres autocrítico. Le das demasiadas vueltas a cada situación, y eso suele quemarte. Puede que tengas formas de distracción poco sanas, como la necesidad de beber para relajarte después de un día duro, ya que no puedes desconectar al pensador autocrítico. O tal vez escapes de la realidad con disociación viendo un par de temporadas de un programa de televisión.

He aquí algunos indicadores que debes observar en ti mismo o en otros para detectar una depresión funcional:

- Tristeza

- Llanto

- Evitan hobbies

- Cambio en los hábitos alimentarios

- Fatiga

- Cambio en los hábitos de sueño

- Falta de motivación

- Falta de concentración

- Irritabilidad

Normalmente no se habla de la irritabilidad, pero este indicador consiste en estar hiperenfadado por no poder estar a solas con tu depresión.

La depresión puede aparecer en características no tan aparentes como la personalización, el pensamiento del deber y la sobregeneralización de situaciones y obstáculos que te sacan de tu zona de confort. La ansiedad puede aparecer en características como la mentalización, la catastrofización y la falacia de control situaciones y obstáculos que te hacen salir de tu zona de confort.

La zona de confort es un espacio mental rutinario, familiar y fiable. Parece un lugar seguro, pero en realidad te impide evolucionar hacia tu siguiente nivel, la mejor versión de ti mismo. Un espacio más seguro es un lugar de apoyo donde te sientes cómodo compartiendo tu vulnerabilidad sin juicios ni miedo a la discriminación. Un espacio más seguro te permite vivir en el ahora, ya que tanto la depresión como la ansiedad te roban esa presencia.

Hay cuatro rutinas esenciales para conseguir una mentalidad general excelente y más sana: *dormir, previsibilidad, preparación* y *tener un equipo de apoyo.*

Para que el eje cerebro-intestino funcione de forma óptima, debes dormir a diario. La cantidad ideal de sueño necesaria variará en función de tu edad y de tu estado general de salud. Lo ideal es que la cantidad de sueño diario forme parte de tu rutina diaria, ya que la falta de sueño puede provocar lesiones permanentes en tu SNE. Sin sueño diario, puedes provocar una ruptura en la comunicación del eje intestino-cerebro. Esta ruptura de la comunicación puede provocar restricciones en el nervio vago, que regula la digestión y otras funciones involuntarias.

Sácalo de tu sistema durmiendo

El sueño es la base de la vida, y sin dar prioridad al sueño, por muy bueno que sea tu consumo de alimentos o por mucho ejercicio que hagas al día, no estarás ayudando a tu mentalidad a progresar hacia una perspectiva positiva. La verdad duele, pero dormir es esencial para tener una perspectiva positiva de la vida.

El ejercicio y la dieta son los principales componentes de un estilo de vida más sano que se promociona en los medios de comunicación. Un aspecto importante que omiten es que el ejercicio y la dieta son inútiles sin un sueño diario adecuado. El sueño diario es la base del ejercicio y la dieta; en cambio, el sueño es el paso 1, y el ejercicio y la dieta son el paso 2. Sin sueño diario, te faltará concentración y atención y es más probable que cometas errores durante las horas de vigilia. El cerebro se ve tan afectado por la falta de sueño como el intestino. Las fases 3 y 4 del sueño *sin movimientos oculares rápidos (NREM)* proporcionan al cuerpo las sustancias químicas adecuadas para incitar la recuperación y la reorganización. El sueño es donde te curas y, de hecho, continúa tu longevidad en la vida.

¿Te has preguntado alguna vez por qué tus objetivos de pérdida de peso no se cumplen año tras año? La falta de sueño de forma continuada detendrá la pérdida de peso y fomentará el aumento de peso porque estás en modo supervivencia en lugar de prosperar. La falta de sueño mientras haces ejercicio también aumentará tus posibilidades de lesionarte. La forma más fácil de volver a encarrilar tus objetivos de pérdida de peso es dar prioridad al sueño diario.

Averiguar tu horario de sueño puede ser fácil si ya sabes si eres un búho nocturno o un pájaro mañanero, pero si no lo entiendes, intenta despertarte sin alarma en un día libre. Esto te permitirá ver dónde encajas de forma natural en la escala del horario de sueño. Los científicos han descubierto que la jornada laboral de 9 a 5 no es para todo el mundo, y el impulso hacia un entorno laboral sostenible está en la agenda de muchas empresas.

Evita tomar cafeína y comer chocolate antes de dormir, ya que pueden permanecer en tu organismo durante periodos prolongados que afectarán a tu capacidad para tener una noche de sueño reparador interrumpido.

Tener un tiempo preestablecido de una hora para conciliar el sueño te ayudará a relajarte; retira toda la tecnología, como el *smartphone* y el portátil. Esto fomentará un espacio de calma para la curación de la mente, el cuerpo y el alma. Las mentes ávidas de dopamina pueden relajarse leyendo un libro o escuchando música tranquilizadora para prepararse para dormir.

La cura para una mente ansiosa es escribir, una forma de sacar físicamente los pensamientos de tu cerebro. Si no te gusta escribir, lleva un diario utilizando el dibujo o el arte abstracto para dejar que tus pensamientos influenciados por el exterior salgan de tu mente de forma segura. Canta, haz danza interpretativa, practica un deporte o un arte marcial: algo para sacar de tu cabeza esos pensamientos y sentimientos inquietos.

Mantenlo simple

La previsibilidad es una herramienta útil para ayudar a automatizar actividades de tu vida que requieren mucho tiempo. Por ejemplo, un "armario cápsula" es una colección de ropa y accesorios de 20-33 piezas. Todas las prendas pueden llevarse juntas, y hay un estilo y una paleta de colores coherentes. Esta forma de previsibilidad te ahorrará dinero, espacio y tiempo para tu expresión de moda. Es una forma estupenda de hacer la maleta para unas vacaciones o un viaje de negocios.

Ejemplo de mini armario cápsula:

1. camiseta negra
2. camiseta blanca
3. camiseta gris
4. jeans negros
5. jeans azul oscuro
6. jeans azul claro
7. un par de zapatos negros
8. un par de zapatos blancos
9. una bolsa negra
10. una mochila negra

La cultura del agotamiento forma parte del mundo capitalista en el que vivimos, en el que el consumismo está a la vanguardia de la sociedad. Cuanto más consumimos esta cultura, más "cosas" tenemos para distraernos de nuestra propia salud y bienestar.

Exploremos el estilo de vida minimalista: ya hemos revisado la forma minimalista y ecológica de expresión de la moda llamada armario cápsula. Por término medio, sólo utilizarás el 10% de tu armario. ¿Por qué almacenar ropa y accesorios que nunca te pondrás? Acumular el 90% de tu armario para un futuro falso que no existe no tiene sentido. El estilo de vida minimalista consiste en conservar únicamente los objetos esenciales para tu modo de vida. El minimalismo es una forma simplificada de vivir sin el equipaje extra que te agobia.

La pandemia mundial ha puesto de relieve la necesidad de hacer inventario de tus elementos esenciales. Nombra diez elementos esenciales de tu vida actual:

____

____

____

____

____

____

____

____

¿Cuántos de los esenciales anteriores se clasifican como sentimentales? Un objeto esencial sentimental te produce constantemente la sensación nostálgica de recordar a una persona o un acontecimiento. A veces, los objetos sentimentales también pueden desencadenar recuerdos de esa persona o acontecimiento.

El minimalismo te centra en hacerte la pregunta:

¿Cómo podría ser mejor tu vida con menos?

Esta pregunta te permite organizar tu vida para tener más tiempo para dar prioridad a tus relaciones, aficiones, éxito económico y salud. Te da una versión más directa de lo que quieres conseguir en la vida.

El acto del minimalismo reducirá tus residuos y deudas en general. Empiezas a consumir menos para poder vivir más. El minimalismo consiste en volver a aprender a amar a las personas por encima del consumismo obsesivo de cosas no esenciales.

El acto de predecir permitirá un estilo de vida más sostenible.

Las aficiones son otro ejemplo de esto en acción. Las aficiones disminuyen el estrés eliminando el capitalismo, eliminando la necesidad de ganar dinero con una actividad. Debes disfrutar de la afición lo suficiente como para mantenerte haciéndola sin beneficio económico. El acto de recordar la afición debe evocar una emoción de alegría. Las aficiones se hacen estrictamente por diversión. Por ejemplo, juegas a videojuegos por diversión y no eres un jugador profesional.

Enumera tres actividades que hagas para divertirte:

1. ____

2. ____

3. ____

Algunos consejos para disminuir tu estrés diario con previsibilidad incluyen tener un horario organizado, dar paseos diarios y programar tiempo a solas.

La preparación es otra rutina esencial para los desencadenantes y otros problemas que ocurren en la vida diaria. La terapia del sonido es la curación mediante el uso del sonido, como la música. La música se utiliza como recordatorio o ayuda a emprender un viaje musical de la ansiedad a la calma. La música es un espacio más seguro debido a la gama de emociones que suelen mostrar las voces y los ritmos. Una buena práctica es tener una lista de reproducción diaria que te recuerde a ti y a tu niño interior que estáis a salvo, que se os ve y se os escucha. Esta lista de reproducción diaria te dará el poder de no dejarte influir por fuerzas externas.

Afirmaciones y Meditaciones

Puedes encontrar afirmaciones en canciones, o puedes inventar tus propias afirmaciones personales, dependiendo de tu situación actual.

"Ahora mismo estoy bien".

"Soy poderoso".

"Me quiero a mí mismo".

Estas afirmaciones pretenden ser sencillas, para que recordarlas sea más fácil. Las afirmaciones son excelentes para desbloquear el cerebro y permitirte un control consciente total.

Con la mayoría de la población mentalmente agotada, la meditación es una autopista para la autorreflexión, la eliminación de la ansiedad y un impulso de energía para tu salud intestinal.

1. Busca una postura cómoda. Por ejemplo, siéntate con las piernas cruzadas y la espalda apoyada en la pared o sentado en una silla.

2. Cierra los ojos y concéntrate en tu respiración. Inhala y exhala.

3. Utiliza la técnica 4-4-4: Inhala cuatro veces, mantén la respiración cuatro veces y exhala cuatro veces.

4. Sé testigo de que tus pensamientos captan tu atención. Permíteles una frase para explicarse, responde con un "gracias por preocuparte" y luego muéstrales la salida.

5. Conviértete en observador; sé testigo del modo en que tus pensamientos captan la atención de tu cerebro, y de cómo empiezas a distanciarte de los pensamientos.

6. Practica un minuto al día.

Haz que tu día sea más predecible con la meditación diaria; hay muchos tipos diferentes que puedes probar, ya sean guiadas o en solitario.

Pensamientos de tres minutos

- Meditación de un minuto

- Diario de un minuto

- Lectura de un minuto

No hay reglas, salvo el tiempo mínimo de un minuto para cada elemento. Un minuto para la observación; un minuto para la cura de la ansiedad; un minuto para la inspiración. Este ejercicio de salud mental te ayudará a relajarte y a calmarte en situaciones de estrés.

La meditación puede adoptar muchas formas, como bailar, cantar, pintar e incluso tocar instrumentos. Si has visto la película de animación *Soul,* la sensación de flujo se muestra como energía mágica, ¡pero es realmente eso! Pierdes la noción del tiempo e incluso te olvidas del hambre cuando entras en un estado mental de flujo. La meditación permite que tu alma tome las riendas y que tu mente obtenga el descanso que tanto necesita.

Algunos consejos para disminuir tu estrés diario con la preparación incluyen preparar las comidas, tener un protocolo de emergencia para los desencadenantes y organizar las tareas.

¿A quién vas a llamar?

Un sistema de apoyo es un espacio vivo, que respira, más seguro en forma humana. Un grupo de apoyo suele estar formado por cuatro o cinco personas que te quieren incondicionalmente. Tu sistema de apoyo debe contar con personas auténticas que se interesen por tu bienestar.

Como los humanos somos criaturas sociales, la pandemia ha puesto realmente a prueba a los grupos de apoyo. Muchas personas de todo el mundo han sufrido pérdidas en su grupo de apoyo, ya sea porque un miembro ha fallecido o porque ha abandonado el grupo por falta de una red social. Utiliza la tecnología para ayudar a tu sistema de apoyo a realizar comprobaciones periódicas.

Para crear un equipo de apoyo fuerte, establece una rutina de comprobación periódica.

- Envía mensajes de texto al menos una vez a la semana
- Llamada quincenal
- Reunión en persona todos los meses

Supongamos que te has dado cuenta de que un miembro se aprovecha del grupo de apoyo. En ese caso, debes expresar tu preocupación, ya que la negatividad de una persona puede contagiar a otras y erradicar el sistema de apoyo.

A menudo, personas tóxicas o un entorno tóxico descuidan o abusan de este apoyo. Si sientes que se aprovechan de ti en un sistema de apoyo al que perteneces, intenta expresar tus preocupaciones. Formar parte del sistema de apoyo de otra persona sigue siendo un lugar sin juicios ni discriminación para todos los miembros implicados. Si te maltratan emocionalmente, abandona el grupo de apoyo, ya que no es un espacio seguro para ti.

Si tienes problemas de confianza debido a un sistema de apoyo tóxico, tardarás un poco más en volver a ser vulnerable a personas no tóxicas, ya que ser vulnerable es algo que la mente intenta evitar porque es una práctica que vive en el momento presente y no en el pasado o en el futuro. El poder de la mente sobre tu conciencia es el más poderoso en estos momentos.

¿A quién llamarías si estuvieras en el hospital gravemente herido, o a quién llamarías si acabaras de ganar la lotería? Una persona valiosa de tu sistema de apoyo ideal recibiría ambas llamadas. Sea cual sea la situación, querrás que participen.

Nombra tu sistema de apoyo:

1. ____

2. ____

3. ____

4. ____

5. ____

Si no puedes encontrar suficientes personas para tu equipo de asistencia, no te preocupes, la mayoría de la población mundial piensa lo mismo. Esta lista es un caso de calidad sobre cantidad. Puede que tenga una lista parcial de sistemas de apoyo, o que tengas que empezar de nuevo. Con paciencia y dedicación, ¡algún día encontrarás a tu tribu! Un grupo de cinco personas que te quieren incondicionalmente y te animan a ser tu auténtico "yo" cada día.

Al reorganizar tu sistema de apoyo, una cosa que hay que tener en cuenta es el vínculo traumático. El vínculo traumático es un apego malsano a una relación tóxica, y puede ir de padres a hijos, de maltratador a víctima y de amigo a amigo. El maltrato puede ser emocional o físico, o ambos. Si sospechas que existe un vínculo traumático en tu grupo de apoyo actual, hay que eliminarlo lenta y cuidadosamente, ya que el final habitual es explosivo.

Algunos consejos para disminuir tu estrés diario con un sistema de apoyo incluyen programar salidas físicas mensuales, llamadas telefónicas semanales y mensajes de texto diarios a tu sistema de apoyo.

Hacer amigos con ansiedad social es complicado, ya que la sensibilidad al rechazo puede impedir que intentes nada con otras personas. Empieza poco a poco. Elige a una persona de la comunidad en la que vives y entabla una conversación. Mantén una conversación sencilla sobre ti, y luego haz preguntas abiertas a la persona que hayas elegido. La persona no puede responder a la pregunta abierta con un simple sí o no. Por ejemplo: "Me llamo Juan, ¿y tú cómo te llamas?". Dicen su nombre, y tú respondes: "Encantado de conocerte". En esta primera interacción es donde calibras la conversación. ¿Te han invitado con señales no verbales a continuar o terminar la conversación? La conversación podría continuar diciendo: "Te veo a veces por aquí y quiero decirte que tu chaqueta es increíble. Gracias por la inspiración" y ése podría ser el final; cada día dedica el mismo esfuerzo. Observa poco a poco cómo florece vuestra amistad.

Hay una forma de dejar de ser manipulado por personas tóxicas, practicando el arte de la autoestima de alto valor *(AV)*. Demostrar una autoestima de alto valor es la capacidad de mostrar tu valía y poner límites cuando se infravalora tu valía. Un ejemplo es que un amigo tóxico difunda rumores sobre ti, y tú pongas fin a la amistad. Mostrar una baja autoestima significa permitir que los demás te falten al respeto y te infravaloren. Un ejemplo de baja autoestima es que un amigo tóxico te pida dinero prestado continuamente y difunda simultáneamente rumores sobre ti.

Cómo detectar a un amigo tóxico:

-   Están emocionalmente a la defensiva.

-   Han traspasado tus límites varias veces.

-   Tienen un patrón de comportamiento dramático.

-   Te humillan en público a tu costa.

-   Son emocionalmente abusivos.

-   Compiten contigo por la atención.

-   Sabotean tu felicidad.

Lo mínimo es poder confiar en tu seguridad física, mental, emocional y espiritual. Lo mínimo es recibir amor incondicional y que se respete y honre tu autenticidad. Este mínimo es la base de todas las relaciones sanas. Se trata de calidad por encima de cantidad, con relaciones sanas que te permitan evolucionar, ya que el cambio es lo único constante en este mundo.

Cómo reconocer a un buen amigo:

-   Siempre se están riendo contigo.

-   Dan prioridad a pasar tiempo contigo.

-   Te apoyan en los malos momentos de tu vida.

-   Te animan a seguir tus pasiones.

-   Practican la honradez con amabilidad.

-   Aceptan tu autenticidad.

Muchos grupos de apoyo han desaparecido a causa de las secuelas de la pandemia. *Las secuelas de la pandemia* es un término para referirse a la amistad que no duró durante la pandemia mundial. Si empiezas este viaje sin un grupo de apoyo, al final de este capítulo sabrás lo que buscas en un amigo. Cuando solicitas un trabajo, el empleador sabe a quién necesita en su equipo; lo mismo ocurre cuando haces amistades.

Entonces, ¿cómo averiguamos lo que buscamos en una amistad?

Lenguajes del amor

Los lenguajes del amor son distintas formas de expresar cómo te gustaría recibir y dar confianza y afecto.

Los distintos tipos de lenguajes del amor son

- Palabras de afirmación
- Tiempo de calidad
- Recibir regalos
- Actos de servicio
- Contacto físico

Ten en cuenta que puedes tener más de un lenguaje amoroso, y que puedes tener diferencias según seas el dador o el receptor del amor en cuestión.

Palabras de afirmación: Son palabras de ánimo. Palabras o frases motivadoras e inspiradoras como "Lo has conseguido" o "Me alegro mucho por ti". Este tipo de afirmaciones funcionan igual que las afirmaciones que te dices a ti mismo. Sin embargo, como proceden de alguien que te muestra amor incondicional y respeta tu autenticidad, también van acompañadas de la validación de esa afirmación concreta. Crees al miembro del equipo de apoyo, ya que a veces creer en tus propias palabras es difícil dependiendo de la situación en cuestión.

Tiempo de calidad: Refleja el esfuerzo que te dedica un miembro de apoyo a través del tiempo. Puedes practicar el tiempo de calidad con un tiempo designado individualmente o en grupo, y el aspecto central es que nadie se distraiga ni interrumpa el tiempo de calidad. El tiempo de calidad es un lugar de vulnerabilidad. Un amigo que viene todos los sábados a almorzar es un gran ejemplo; el amigo se ha reservado tiempo para compartir contigo.

Recibir regalos: Este lenguaje amoroso es bastante sencillo. Hacer regalos es una forma habitual de agradecimiento en la sociedad actual, desde los cumpleaños hasta los logros personales. La mejor práctica consiste en anotar en un diario tu reacción después de recibir o dar regalos. Recibir regalos debería darte una sensación de validación, mientras que dar regalos debería darte una sensación de altruismo.

Actos de servicio: ¿Cómo te sientes cuando alguien realiza una tarea que se suponía que tenías que hacer tú? Este lenguaje del amor hace la vida de alguien un poco más fácil, quitando algo de estrés de la vida del receptor. Imagina que tienes un día de trabajo muy estresante. Por fin llegas a la hora de comer, y tu compañero de trabajo se ofrece a invitarte a comer y a tomar algo después del trabajo. Este lenguaje del amor es exclusivo del altruismo, que es el acto de amabilidad sin necesitar algo a cambio.

Tacto físico: El tacto es algo que mucha gente necesita, y hemos visto cómo su falta puede afectar negativamente a nuestra salud mental a través de la pandemia mundial. Los seres humanos somos criaturas innatamente sociales. El tacto físico puede traducirse desde un apretón de manos a un abrazo, pasando por la intimidad sexual. Todo depende de lo que necesites o de lo que estés dispuesto a ofrecer. Este lenguaje del amor se está convirtiendo ahora exclusivamente en vulnerabilidad, ya que la pandemia mundial ha hecho que toda la humanidad sea más consciente de interactuar físicamente con alguien que no seas tú.

¿Cuáles son tus lenguajes del amor y qué lenguajes del amor prefieres dar? Esta respuesta dependerá del tipo de amor que recibas o des a los demás.

Dar:

1. ____

2. ____

3. ____

Recepción:

1. ____

2. ____

3. ____

Hay dos formas de amor en los sistemas de apoyo: el amor condicional y el amor incondicional.

Amor condicional: Esta forma de abuso tóxico solo se da en determinadas circunstancias. Se enmarca casi como un premio o un privilegio que hay que adquirir. El amor condicional tolera a quien lo recibe y suele utilizarse como forma de control.

Amor incondicional: Esta forma de respeto se da en cualquier circunstancia. No hay condiciones que cumplir para alcanzar esta forma de amor. El amor incondicional acepta la autenticidad del receptor y a menudo se siente orgulloso de él.

Una familia elegida es la familia que eliges tener, y una familia dada son los miembros de tu familia. ¿Cómo puede alguien no emparentado contigo amarte más incondicionalmente que tu propia familia de sangre? ¿Por qué tu familia dada te da por sentado y te ofrece más amor condicional que incondicional? La autenticidad se acepta con la novedad más que con la rutina. Cuanto más familiar sea la interacción social sin respeto, más probable es que el amor condicional supere a la seguridad de la vulnerabilidad. En un espacio más seguro no está presente el amor condicional.

Un niño que pasa por esta falta de amor incondicional y abandono se volverá hiperindependiente y propenso al agotamiento. La falta de orientación sobre cómo es o cómo se siente el amor incondicional hará que idealice lo que puede ser depender de alguien por lo mentalmente agotado que está haciéndolo todo solo. Ese romanticismo de la dependencia también creará un romanticismo en torno a la creación de futuros falsos de menor agotamiento mental. Los humanos somos seres sociales y necesitamos conexiones sociales para sobrevivir.

Disociación y falta de amor incondicional de niño: imagina que te desatienden las personas que se supone que te quieren incondicionalmente y que eres capaz de admitir que lo más probable es que nunca te muestren el amor incondicional que tan profundamente deseas. Está bien tener familiares conocidos. Está permitido que no te gusten las personas a las que amas incondicionalmente; no pasa nada. También está bien no esforzarse tanto en una relación de conocidos como en una de amistad.

Haz una lista con todos los nombres de tus amigos y familiares y encierra en un círculo a un conocido (C) o a un amigo (A) según lo estrecha que sea vuestra relación. ¿A quién llamarías si te estuvieras muriendo y necesitaras un contacto de emergencia?

1. ____(A/C)

2. ____(A/C)

3. ____(A/C)

4. ____(A/C)

5. ____(A/C)

6. ____(A/C)

7. ____(A/C)

8. ____(A/C)

9. Contacto en caso de emergencia: _______________________________

Hazte la pregunta, ¿eres un extraño para ti mismo?

¿Cuál es la diferencia entre estar solo y sentirse solo? Estar solo es un espacio más seguro para ti, sin distracciones ni interrupciones. Estar solo carece de conexión con otros seres humanos y de conexión contigo mismo.

Los beneficios de priorizar el tiempo a solas incluyen:

1. Reflexionar sobre tus intereses y te busques una afición.
2. Ser más independiente.
3. Escribir un diario en compañía de tu niño interior.
4. Tu autenticidad será siempre respetada y aceptada por ti.
5. Practicar la gratitud y el aprecio por uno mismo.

Un gran ejemplo de claridad a partir del tiempo a solas es la capacidad de saber lo que quieres hacer para obtener ganancias monetarias. Averigua cuál es tu especialidad, encuentra el mercado para ella y haz el trabajo duro para alcanzar tu objetivo económico. Otro gran ejemplo es viajar solo sin compañía, lo que te permite explorar tus puntos fuertes y débiles por ti mismo.

Una forma extrema de conmocionar esta realización es a través de un retiro de meditación en silencio. Se ofrecen en todo el mundo, la comida y el alojamiento están incluidos, y normalmente pagas lo que puedes. Empiezan con 12 días de silencio, y después puedes hacer participaciones más cortas. Tu mente luchará contra ti con tanta fuerza al principio que querrás correr a casa para comprobar si todo va bien, porque no tienes acceso a ninguna de tus tecnologías ni te da tiempo a escribir o leer. La meditación es el arte de no hacer nada y ser emocionalmente autosuficiente para permanecer sin hacer nada.

Los inconvenientes de experimentar la soledad:

1. Estar en constante modo de supervivencia.
2. Tener un 29% más de probabilidades de padecer una enfermedad cardiaca.
3. Tener un 32% más de probabilidades de sufrir un ictus.
4. Tener el doble de probabilidades de padecer demencia.

La soledad es una causa de muerte mayor que la obesidad, y todo el mundo experimenta la soledad en su vida. Los niños y los ancianos son los más expuestos a la soledad.

Hazte estas preguntas:

¿Cuáles son los cinco logros más importantes de tu vida?

¿Cuál es tu rasgo no físico favorito de ti mismo?

¿Qué estás pensando de más?

¿Cómo describirías tu espacio más seguro ideal?

Reflexiona y escribe en tu diario sobre la sensación de incomodidad que tuviste al responder a estas preguntas.

Cuando empiezas a darte cuenta de todas las complejidades que albergas, te resulta más fácil no juzgar a los demás; no tienes ni idea de con qué luchan los demás o sin qué. Una buena práctica de comunicación consiste en escuchar sin intención de responder y restringir tu tiempo tecnológico para priorizar el tiempo de reflexión.

Tu cerebro es un músculo que necesita ejercitarse mediante entrenamientos, igual que tu cuerpo físico. Este músculo por fin tiene un respiro para descansar y evitar el agotamiento. Ahora puedes reflexionar sobre tu propia vida en lugar de juzgar a los demás, crear futuros falsos y recordar falsos recuerdos.

Recuerda ser paciente con tus resultados.

Tu salud intestinal está directamente relacionada con tu mentalidad mediante el eje intestino-cerebro, lo que significa que tu salud intestinal puede afectar a tu estado mental. Una mala salud intestinal puede provocar una actitud negativa y aumentar la duración de los problemas de salud mental. Pon el control en tus manos y concéntrate en cómo experimentas la defecación; pregúntate: ¿es dolorosa? Aumenta el consumo de verduras y fruta y disminuye la "dieta americana estándar" (hamburguesas con queso, pizza grasienta, comida rápida, etc.) ingerida al día.

La previsibilidad y la preparación te ayudarán a organizar el caos de tu vida. Te sorprenderá todo el tiempo libre que poseerás después de preparar tu vida para que las cosas se muevan más suavemente en ella. Te permites convertirte en el editor de la historia de tu vida.

Los miembros de tu equipo de apoyo son los animadores de tu viaje vital, y asegurarse de que tu sistema de apoyo está libre de amistades tóxicas y de amor condicional es crucial para el éxito de la mentalidad positiva. Tu apoyo debe ser un espacio que respire, viva y sea más seguro para que te muestres vulnerable sin discriminación. Dar prioridad al amor incondicional a tu equipo de apoyo te permite devolver la sensación de acceso a un espacio más seguro y reforzar el equipo en su conjunto. Por último, prioriza tu tiempo a solas, ya que es ahí donde obtienes todas tus respuestas sobre lo que necesitas de este viaje de sanación.

Lista de control

- Continúa con tu diario de gratitud.

- Añade una entrada en tu diario sobre escuchar la canción "Relax, Take It Easy" de Mika. ¿Cómo te hizo sentir la música? (Recuerda que puedes buscar un vídeo de la canción subtitulada en español o elegir otra que te haga sentir bien).

- Crea tu propia afirmación personal, repetirás este mantra como mínimo una vez al día.

- Participa en una meditación de un minuto cada día durante un mes.

- Elimina un objeto no esencial de tu vida durante un mes.

- Prioriza tu salud intestinal observando cómo te sientes después de defecar.

- ¿Cuáles son tus lenguajes del amor?

Capítulo 3
¿CÓMO TE AFECTA ESTO?

La psicología positiva es el estudio de todos estos principios combinados. ¿Cómo somos capaces de vencer a nuestros demonios interiores, y cómo llegamos a tener esos demonios en primer lugar?

Tanto el dolor como el rechazo tienen una forma de tirar por la ventana la mentalidad positiva. Olvidas por completo tu protocolo de emergencia, y te quedas sin energía, solo con tristeza. La pena y el rechazo te muestran que estás perdiendo oportunidades, pero sinceramente, nunca estuviste hecho para esas oportunidades. La pena es un reflejo del pasado, mientras que el rechazo refleja un futuro falso.

Definamos un desencadenante; un desencadenante es una reacción a un catalizador emocional. Necesitas sentir que tu seguridad está en peligro para que se produzca un desencadenante. Dos cosas a tener en cuenta son: la interseccionalidad de tu definición de la palabra "seguridad", y que el recuerdo del catalizador emocional es suficiente para iniciar un desencadenamiento. Una advertencia de desencadenamiento es una alerta ante la posibilidad de ser desencadenado; puede ser prudente abstenerse de leer lo siguiente para proteger tu salud mental. Puedes abreviar algunas palabras porque a veces las propias palabras pueden alertar a la mente subconsciente.

¿Quién es el niño interior?

El niño interior es el auténtico yo de cada uno: tú, antes de los seis o siete años, incluidas todas esas observaciones que hacías sobre la vida antes de comprender adecuadamente lo que ocurría. Piensa en tu recuerdo más antiguo; la mayoría de la gente solo puede remontarse hasta los seis años. ¿Qué puedes describir de tu primer recuerdo? ¿Cómo te hace sentir? Escribe tu respuesta. Esta respuesta te ayudará a comprender más profundamente a tu niño interior; revelarás el momento en que empezaste a comprender lo que ocurría en tu vida.

Cualquier forma de maltrato a una edad temprana, incluido el emocional, espiritual, mental y físico, puede destruir tu mentalidad positiva si te engañan haciéndote creer que no eres digno del amor incondicional del maltratador y que, por tanto, no eres digno ni siquiera de tu amor propio.

Los pensamientos de tu mente pueden manifestarse más a menudo cuanta más energía se les dé. Por ejemplo, estás pensando en comprar un coche Mini Cooper, y ahora todo lo que ves son coches Mini Cooper por todas partes. Si pones toda tu energía en los pensamientos negativos abusivos, se convertirán en tu realidad.

¿Qué es la manifestación? La *manifestación* es la creencia en el propio poder personal para lograr el crecimiento espiritual; la prueba de una idea abstracta, ¿qué demonios es eso? Una manifestación es una experiencia de "creerlo antes de verlo". Pensemos en el karma; ¿cómo funciona el karma? Las buenas acciones generan buen karma, y las malas acciones generan mal karma. Entonces, ¿qué define las palabras bien y mal? ¿Son términos subjetivos u objetivos? El karma es una creencia en el punto de vista personal sobre la moral pública.

El discurso interior dañino no son tus pensamientos, y es un recuerdo de la comunicación tóxica de los demás. Eres tú catastrofizando la idea de "¿Qué dirá la gente?". Desconéctate de ese diálogo. Tú eres la figura de autoridad para tu mente, y nadie más.

¿Qué es el crecimiento espiritual? El crecimiento espiritual es superar el trauma subconsciente y reconstruir la comunicación con tu niño interior.

Cambiemos algunas palabras para mayor claridad:

Manifestación = *Oración* = Un deseo al que nunca renuncias.

Niño interior = *Autenticidad* = Tu verdadero yo, antes que las responsabilidades.

Crecimiento espiritual = *Madurez emocional* = Tu alma tiene algo que decir en tu vida.

¿La alteración de estas palabras ha cambiado tu perspectiva sobre ellas?

Tu perspectiva sobre tu mentalidad se inclinará normalmente hacia lo negativo (lo más habitual) o hacia lo positivo. Tú estás a cargo de tu mentalidad, no estos falsos recuerdos y falsos futuros.

Conecta con tu niño interior con un ejercicio llamado "diario del niño interior". Pruébalo en un día libre o en uno en el que te sientas seguro y fuerte, ya que podría resultar emotivo.

1. Saluda a tu niño interior a través de tus palabras en la página.
2. Averigua si los pronombres son los mismos que los actuales.
3. Haz una pregunta sobre tu infancia para inspirarte.
4. Entonces pregunta por un desencadenante. Puede que aquí empieces a llorar, ya que la vulnerabilidad bajará tus muros internos de protección.
5. Recuerda que no debes juzgar a nadie, ya que, al fin y al cabo, se trata de un niño.

Es bueno que te eches una siesta después de la reunión inicial, ya que muchos ignoran por completo a su niño interior. Llevar un diario del niño interior puede ser una experiencia muy extraña para ti. Haz un plan para celebrar la conexión que has restablecido, y la meditación es fundamental después de esta experiencia para relajar la mente del *shock*.

La manifestación y el crecimiento espiritual van de la mano. Las manifestaciones son los objetivos que creas para tu subida de nivel espiritual. Esta conexión te permitirá desconectarte de falsos recuerdos y falsos futuros, representando con exactitud tu verdadero y auténtico yo.

La elección es tuya. ¿Vas a seguir con el piloto automático o vas a aprender a pilotar con esta mentalidad?

Lista de control

- Continúa con tu diario de gratitud y escribe al menos una frase al día.

- En una página aparte, escribe la entrada de tu diario musical después de escuchar la canción: "Acouscous" de Emawk. ¿Cómo te hizo sentir la música?

- Identifica tus desencadenantes personales.

- Crea una manifestación.

- ¿Cuál es tu plan de preparación para tus desencadenantes?

- Continúa tu meditación e introduce el pensamiento del cambio de perspectiva.

- Continúa con tu limpieza minimalista.

Capítulo 4

CÓMO SOLUCIONAR EL PROBLEMA

La construcción de un espacio más seguro formará parte de tu viaje de sanación y de la transición del pensamiento de escasez al pensamiento de abundancia. Un espacio más seguro apoya tu vulnerabilidad; se permite que esta vulnerabilidad exprese autenticidad y se recibe con amor incondicional hacia uno mismo. Un espacio más seguro es también un lugar en el que no te discriminas ni te juzgas.

Empecemos por aumentar tu ingesta de agua.

Toma agua

¿Por qué el agua es tan esencial para tu bienestar general?

El 60% de tu cuerpo es agua, y si tienes sed, ya estás deshidratado. Cuando está deshidratado, tu piel es más vulnerable a las infecciones por sequedad; esta vulnerabilidad es la razón por la que las personas con trastornos cutáneos como el eccema tienen que tener especial cuidado con su piel seca, ya que pueden sufrir grietas, cortes y heridas abiertas a causa de sus trastornos cutáneos. El cartílago que hay entre tus articulaciones está formado por un

80% de agua, y cuando el cartílago está deshidratado, disminuye su capacidad de absorber los golpes. La sangre que reparte oxígeno por todo tu cuerpo es un 90% agua, y la deshidratación puede incluso afectar a tu capacidad de coagulación sanguínea. El sudor, que es un 99% agua, te ayuda a refrescarte cuando hace demasiado calor para tu cuerpo. La deshidratación también puede provocar cálculos renales, arrugas y restricciones en tus vías respiratorias. La moraleja es: bebe agua a diario.

¿Cuánta agua debes beber?

La OMS recomienda beber unos 35ml de agua por kilo de peso. Por ejemplo, si pesas 70 kg, beberías 2.450 ml, que son 2,4 litros de agua. Aunque las necesidades también dependerán de tu actividad física, temperatura ambiental, etc. Esta cantidad de agua diaria puede parecer mucha al principio, pero imagina lo deshidratado que estás si te sientes así. Empieza poco a poco con un litro de agua al día y elimina las bebidas gaseosas, los zumos y el alcohol. Las infusiones también pueden sustituir al café. El camino para aumentar tu ingesta diaria de agua es a tu propio ritmo.

Repasemos paso a paso una rutina diaria con una mentalidad positiva; ésa es la prioridad principal (ten en cuenta que ésta es la versión ideal de la rutina diaria de alguien y que tu rutina diaria puede ser parecida o completamente diferente):

- Despiértate tras 7-9 horas de sueño reparador e ininterrumpido.
- Inicia una *playlist* de música que te motive.
- Bebe un vaso de agua.
- Espera treinta minutos antes del desayuno.

- Haz el calentamiento intestinal y entrenamiento corporal completo de 15 minutos.

- Dúchate.

- Medita antes de comenzar a trabajar.

- Comienza la jornada laboral.

- Bebe un vaso de agua.

- Come algo saludable (por ejemplo, fruta).

- Bebe un vaso de agua.

- Sal de casa cada dos horas para dar un paseo de diez minutos.

- Prepara el almuerzo, bebe un vaso de agua.

- Utiliza el lavabo.

- Una hora de comida fuera de la oficina.

- Sal de casa cada dos horas para dar un paseo de diez minutos.

- Fin de la jornada laboral.

- Bebe un vaso de agua.

- Inicia una lista de reproducción de baja frecuencia.

- Disfruta de una meditación al final de la jornada laboral.

- Diario.

- Lee.

- Tiempo para ti; mira tus programas.

- Ten una cena con bajo índice glucémico y una bebida caliente de tu elección.

- Disfruta de tus hobbies.

Haz tu rutina de una hora antes de dormir, incluyendo una entrada en tu diario de gratitud.

Cuando estés listo, apaga las luces y, con la ayuda de cortinas opacas, un antifaz y tapones para los oídos, sumérgete en un hermoso sueño de siete a nueve horas.

Escribe todas las similitudes que veas en tu rutina diaria actual en comparación con el ejemplo de mentalidad positiva. A continuación, escribe todas las diferencias que veas en tu rutina diaria actual en comparación con el ejemplo de mentalidad positiva.

Similitudes:

1. ____

2. ____

3. ____

4. ____

5. ____

Diferencias:

1. ____

2. ____

3. ____

4. ____

5. ____

¿Hay algún aspecto de este ejemplo de mentalidad positiva **que puedas poner en práctica hoy**?

1. ____

2. ____

3. ____

4. ____

5. ____

Sigue la corriente

Imagina que eres un artista y tienes un proyecto importante a la vista. Realizas proyectos importantes todo el tiempo, y has desarrollado un don para concentrarte fácil e inmediatamente en ellos. Tienes una rutina por la mañana, al mediodía y por la noche para mantenerte en una frecuencia alta para la eficacia. Tienes plazos estrictos, y no tienes tiempo que perder.

Los artistas y los atletas son conocidos por entrar en "el flujo" o "la zona" rápidamente, pero ¿cómo puede hacer lo mismo la gente normal? La fluidez es una concentración profunda en algo. Este tipo de concentración no tiene sentido del tiempo, e incluso hace desaparecer tu sensación de hambre.

Rutina matutina: Te despiertas descansado. Te permites desapegarte de la sociedad mediante la meditación o con ayuda de una taza de té caliente. A continuación, entra en tu rutina de flujo. Consiste en los cinco sentidos: vista, oído, olfato, gusto y tacto. Empieza con el sabor de tu desayuno. Luego entras en el sentido del olfato con la barrita de incienso. Pones en marcha tu lista de reproducción de alta energía y creas una terapia de sonido. El tacto entra en tu rutina de flujo con un entrenamiento de todo el cuerpo seguido de una ducha. Terminar la rutina de flujo con un paseo por la naturaleza es un regalo para los ojos e inspiración para tu alma. A continuación, comprueba tu agenda.

Rutina de mediodía: Aléjate de tu jornada laboral y almuerza algo con bajo índice glucémico mientras ves una comedia para recargarte mediante la risa. Has llegado a un litro de agua en tu ingesta diaria de agua.

Rutina vespertina: Necesitas bajar del estado de flujo al terminar tu jornada laboral. Tu práctica empieza con una lista de reproducción de baja energía compuesta por música *soul* relajante. Realizas un cambio de aroma de sándalo a lavanda. Te relajas con una meditación cerca de tu estanque improvisado en el jardín, observando las ondas del agua y escuchando a los pájaros. Esta noche cenas con amigos, a algunos hace años que no los ves, y estás deseoso de abrazos y conversaciones.

Hay cuatro formas de desencadenar o iniciar el flujo aumentando la dopamina en el cerebro:

1. novedad
2. imprevisibilidad
3. complejidad
4. asombro

¿Qué es la novedad? La novedad es la experiencia de algo nuevo y emocionante.

¿Qué entendemos por imprevisibilidad? Ayudaría que liberaras el control que deseas sobre el proyecto para el que quieres el flujo, y que tuvieras la seguridad mental suficiente para sentirte inseguro sobre el camino a seguir y, sin embargo, seguir sintiendo curiosidad por el resultado.

¿Por qué es necesaria la complejidad? Para entrar en el flujo, necesitas que el reto sea ligeramente más complejo que tu habilidad, y esto solo puede ocurrir si te sientes cómodo sintiéndote incómodo. La zona de confort es un espacio mental rutinario, familiar y fiable. Parece un lugar seguro, pero en realidad te impide evolucionar hacia tu siguiente nivel, la mejor versión de ti mismo. Pensar fuera de la caja para resolver problemas de forma estratificada y desafiante iluminará una respuesta dopaminérgica.

El asombro es la sensación de comprender que eres tan pequeño en comparación con la inmensidad del universo. Deja que eso se asimile. Eres una pulga comparado con lo enorme que es el universo. Darte cuenta de que tus problemas no existen en comparación con los problemas globales debería ayudarte a mantener tu perspectiva centrada en lo importante.

Esto también pasará

Los motivadores intrínsecos son comportamientos que se despiertan por una alegría interior natural. Estos motivadores establecen un flujo al estar vinculados entre sí:

1. curiosidad (da enfoque)
2. enfoque (aporta propósito)
3. propósito
4. autonomía para perseguir (fe en ti mismo)
5. dominio

¿Cómo te centra la curiosidad? ¿Has intentado alguna vez llamar la atención de alguien mientras estaba interesado en algo? Por ejemplo, tu hijo está viendo su programa de televisión favorito y tú estás intentando darle de comer. Cuando tenemos curiosidad, nos evadimos del tiempo y empezamos a perder la concentración en todo, excepto en nuestro hiperenfoque.

¿Por qué el enfoque solo ocupa el segundo lugar en el orden de los motivadores intrínsecos cuando el flujo es la concentración profunda? La concentración profunda es inútil sin un propósito, ya que los aumentos de dopamina están ligados a cualquier cosa que nos proporcione una sensación de placer. Por ejemplo, las redes sociales están llenas de descargas de dopamina en tu cerebro, que te proporcionan esa concentración intensa. Aun así, es difícil romper con los golpes de dopamina porque son sencillamente adictivos sin un propósito.

¿Cómo te da el propósito autonomía para perseguir? La autonomía para perseguir, también conocida como motivación intrínseca, necesita una meta para crecer. El propósito es esa meta; en otras palabras, es el momento en que se activa la motivación intrínseca. Tu propósito es esa magia que te sale de forma natural y activa esta motivación intrínseca. Esta activación significa que, una vez llegues a esta fase, dejarás de añadir cosas al objetivo y dejarás que el objetivo crezca por sí solo ahora; por ejemplo, la agricultura. La autonomía para perseguir es la fe ciega que tienes en tu propósito.

¿Por qué la autonomía para perseguir es importante para fluir? Tener fe en tu capacidad para alcanzar el éxito es la clave para un estado de flujo, eliminando el discurso interior dañino. Esa voz interior negativa antes te convencía de que no lo intentaras por miedo a lo que los demás pudieran pensar de ti. Esa voz interior ya no existe porque has recuperado tu autoridad. Tú eres la única figura de autoridad para tu mentalidad.

La maestría es convertirse en un experto en algo que te interesa con un aprendizaje continuo en la materia. Convertirte en un maestro en algo te permite explorar la innovación al tener la capacidad de ver ángulos que los no maestros no pueden ver. Esta innovación puede llevarte a convertirte en un pionero en el sector que dominas.

Fluir (o estar "en la zona") es el resultado de querer fijar la mentalidad en tus problemas, pero ¿cómo se llega a ello?

En realidad, el flujo es el resultado final; hay tres pasos antes y un paso después del flujo. Los cinco pasos hacia una mentalidad positiva para la resolución diaria de problemas son:

1. motivación
2. aprender y desaprender
3. creatividad
4. flujo
5. dominio

Estos pasos para fluir y cómo mantener el flujo deben darse en este orden.

Mantenlos motivados

La motivación es el primer nivel de un estado interior de flujo. La motivación es una respuesta a algo que te interesa y que te recompensa con dopamina. La dopamina es un neurotransmisor que te permite experimentar placer: ese placer puede ser cualquier cosa, desde comer algo sabroso hasta un orgasmo.

Tenemos cuatro tipos diferentes de motivación:

1. motivación extrínseca
2. motivación intrínseca
3. motivación introyectada
4. motivación identificada

Motivación extrínseca: Esta motivación procede de una fuerza externa como los profesores, los jefes o la sociedad. Las fuerzas externas te motivan a completar un objetivo o una tarea porque se alinea con tu necesidad o tus deseos de ciertas cosas. Por ejemplo, el dinero es un motivador extrínseco para que un empresario consiga que realices tareas específicas para su empresa.

Motivación intrínseca: Esta motivación procede de una fuerza interna como el orgullo, la autenticidad o la curiosidad. Te motivas a ti mismo para tener éxito en una meta o tarea elegida debido a la alineación con tus deseos internos o esenciales. Por ejemplo, realizas un curso sobre un tema que te interesa y adquieres conocimientos en el campo que te interesa.

Motivación introyectada: Esta motivación intrínseca consiste en observar un objetivo o tarea y frustrarte contigo mismo por la falta de progreso hacia ese objetivo o misión. Entonces te obligas internamente a dar prioridad al intento para aumentar la probabilidad de éxito. Por ejemplo, quieres perder peso, y durante años te has estado diciendo "iré al gimnasio tres veces por semana", pero nunca lo haces. Y entonces, un día, todo encaja y empiezas a ir al gimnasio con regularidad. Ahora te encanta ir al gimnasio, y te preguntas por qué no lo hiciste antes.

Motivación identificada: Esta motivación intrínseca consiste en observar tu objetivo o tarea y detectar las restricciones y obstáculos que tienes para alcanzar el éxito. Determinas lo que hay que hacer para completar el trabajo o plan. Cuando puedes identificar el problema, entonces puedes formular una solución. Por ejemplo, necesitas realizar el examen LSAT para que te acepten en la facultad de derecho, pero después aún tienes que solicitar o crear un bufete de abogados para ejercer la abogacía.

La motivación concreta en la que nos centraremos es la intrínseca, ya que trabajamos para crear un discurso interior positivo sobre nuestros problemas cotidianos. Por ejemplo, unos niveles bajos de glucosa (azúcar) en tu cuerpo desencadenarán la hormona llamada grelina. Esta hormona te hace sentir hambre y te recuerda que debes comer alimentos para aumentar los niveles de glucosa en tu cuerpo. Si ignoras la motivación innata del hambre, tu cuerpo entrará en una fase de obsesión por la comida y en un estado similar al trastorno depresivo mayor. No querrás hablar con nadie, tendrás fatiga extrema e incapacidad para concentrarte.

La motivación intrínseca en su conjunto es la capacidad de motivarte a ti mismo. ¿Cómo puedes aumentar tu motivación intrínseca para una tarea u objetivo concretos?

1. Haz una lluvia de ideas sobre las razones por las que te parece interesante.
2. Investiga la tarea o el objetivo concreto en busca de conexiones positivas.
3. Establece un plan de acción.
4. Planifica una celebración tras la finalización.

Esta lista te permitirá ver la tarea o el objetivo como un añadido positivo a tu vida en general. Esta positividad alimentará tu mentalidad positiva para seguir persiguiendo la realización de esta misión.

Reflexiona: **¿Qué es lo que has estado posponiendo últimamente?**

Aprender y desaprender es el segundo nivel. Este nivel en tu historia de creación de flujo interior se centrará en tu curiosidad sobre tu rutina. Probablemente hayas oído la frase "La curiosidad mató al gato", pero solo nos han enseñado la mitad de la cita.

La curiosidad mató al gato, pero la satisfacción lo devolvió

Desglosemos qué significa todo esto. ¿Qué es la satisfacción?

Imagina que estás en una tienda de ropa con un niño de unos tres años y ve algo que le gusta. ¿Qué ocurre? Lo más probable es que griten "¡mío!". Imagina a una persona a la que le gusta tratar a la gente, incluso a los que no son tan amables con ella; llamemos "dadores" a los que agradan a la gente. Existe una correlación entre altruismo y satisfacción, pero la satisfacción también se correlaciona con la autenticidad. La satisfacción es como respirar: necesitas inhalar y exhalar para mantenerte vivo. Lo mejor sería que fueras un dador y un tomador para convertirte en una persona satisfecha.

La creatividad es el nivel anterior al flujo, y te enseña a dirigir tu energía. Te anima a ver diferentes ángulos de tu rutina de salud mental. La creatividad es la variedad que pones en la chispa de tu estado de flujo.

Nombra tres actividades que despierten tu creatividad:

1. ____

2. ____

3. ____

4. ____

5. ____

Las actividades enumeradas anteriormente también pueden ser tus aficiones, ya que son las más adecuadas para un estado de flujo. Debes perder la noción del tiempo cuando realices tus aficiones.

El acto de fluir es un estado privilegiado debido a la autonomía para perseguirlo. Debido a factores como el trauma intergeneracional y la interseccionalidad, las personas a las que les encantaría entrar en el flujo tienen más obstáculos procedentes de fuerzas distintas a las suyas. Nuestro fundamento básico como niños es ser queridos, vistos y seguros. Muchos de nosotros tenemos que desaprender las condiciones dañinas y validadas que nuestros cuidadores nos han impuesto, ya sea consciente o inconscientemente, saboteando una buena base desde la infancia.

El trauma intergeneracional es una grieta subconsciente dañina en los cimientos que se transmite de generación en generación. Por ejemplo, si tienes ovarios y tu abuela experimentó un trauma mientras estaba embarazada de tu madre, heredaste ese trauma porque tu madre nació con todos sus óvulos preparados, incluido el óvulo que te creó a ti.

La interseccionalidad son capas de discriminación que están fuera de tu control. Por ejemplo, una mujer está más oprimida que un hombre, una mujer negra está más oprimida que una mujer blanca, una mujer negra trans está más oprimida que una mujer negra cishet. La discriminación y la opresión tienen capas, igual que un privilegio. Existe una restricción para las personas que carecen de los privilegios necesarios. Algunos privilegios se pueden aprender, como leer en inglés, pero otros, como el privilegio blanco, no se pueden conocer.

El pensamiento de escasez es algo que hacen las personas con trauma intergeneracional e interseccionalidad debido a la falta de recursos y a la pérdida natural de dopamina. El pensamiento de escasez puede conducir a otras mentalidades negativas como la indefensión aprendida. La indefensión aprendida es una respuesta a una continua falta de apoyo hacia un objetivo que termina negativamente debido a la inacción del participante, ya que es demasiado doloroso o agotador mentalmente.

La mentalidad de sentir constantemente que te falta algo en la vida. La mayor parte de tu energía mental se destina a pensamientos negativos sobre por qué una situación te ocurre o no al ritmo que te gustaría que ocurriera. El pensamiento de escasez suele reservarse a la falta de dinero y de tiempo, pero también puede ser una reacción a una historia de violencia doméstica o a formas de discriminación. El victimismo es una forma de pensamiento de escasez, ya que la pérdida de control establece una conexión con un mundo en contra de la víctima. La indefensión aprendida también puede darse junto con el pensamiento de escasez para impulsar aún más la narrativa de un mundo injusto.

¿Resiliencia o victimismo?

La pregunta ahora es, ¿eres víctima de tus pensamientos negativos? ¿Cuánta de tu energía mental diaria malgastas en futuros negativos inventados? ¿Y si te dijera que hay una forma de detener todo ese ruido mental? Este libro te enseñará a cambiar tu autoconversación negativa por una autoconversación positiva introduciéndote en el arte del pensamiento de abundancia. El pensamiento de abundancia es la mentalidad de sentir constantemente que hay suficiente para todos; muy poca o ninguna energía mental se destina a imaginar el futuro o a revivir el pasado. Un pensador de la abundancia pasa la mayor parte del tiempo en el estado del ahora, el momento presente.

La indefensión aprendida es el acto de rendirse porque nada va a cambiar. Por ejemplo, si estás intentando perder peso y no has visto ningún progreso durante años, podrías renunciar a perder peso. Con el pensamiento de escasez, no puedes motivarte y, por tanto, careces de todos los niveles posteriores. Es una triste realidad a la que muchas personas se enfrentan a diario y un gran ejemplo de por qué todo el mundo necesita un sistema de apoyo que le haga responsable de estar en el buen camino hacia el pensamiento de abundancia.

El acto de antifragilidad es excelente para combatir la indefensión aprendida. La antifragilidad es un marco que funciona en el crecimiento postraumático, un ámbito que da prioridad a la resistencia. Al igual que los entrenamientos fortalecen tu cuerpo con la fuerza, el crecimiento postraumático trabaja tu mentalidad positiva tras el estrés postraumático.

El modelo "SPIRE", por sus siglas en inglés, es un acrónimo de crecimiento postraumático como camino indirecto hacia la felicidad a través del bienestar general.

1. Espiritual (Spirit)
2. Físico (Physical)
3. Intelectual (Intellectual)
4. Relacional (Rational)
5. Emocional (Emotional)

La resistencia de la antifragilidad se debe a que el acceso a la felicidad es indirecto; debe incorporarse a la memoria mediante la rendición de cuentas. La responsabilidad puede adoptar muchas formas, incluida la tuya propia o la de tu sistema de apoyo.

La **espiritualidad** es ese sentido de propósito que tienes en tu vida. Sabes lo que quieres hacer conociendo la respuesta a la pregunta *¿Quién soy?*

Sin una lente capitalista, sin hablar de riqueza o dinero, responde a esta pregunta. Elimina todo lo relacionado con tu trabajo o tu carrera si no recibes alegría de ello. Elimina también cualquier norma social de género. ¿Qué estarías haciendo si el dinero y la sociedad no estuvieran implicados? Por ejemplo, eres médico, y el propósito de tu vida podría ser ayudar a las personas que lo necesiten. Además, recuerda que tu propósito vital puede cambiar a lo largo de tu vida, y que puedes tener más de uno.

Físico es la presión ejercida sobre tu cuerpo físico a lo largo de tu vida. No sólo incluye la cantidad de estrés sobre tu cuerpo, sino que también está relacionado con tu falta de recuperación.

Preguntas que debes hacerte:

- ¿Puedes mantener una energía elevada del día a la noche?
- ¿Tienes una conexión intestino-cerebro sana?
- ¿Duermes entre siete y nueve horas por noche?
- ¿Estás comiendo sano durante todo el día?
- ¿Cuál es tu cantidad diaria de ejercicio?
- ¿Sientes dolor crónico o agudo?
- ¿Cuántas veces has experimentado el agotamiento?

Todas estas preguntas son también reflejos del amor propio: el cuidado y el aprecio que te das a ti mismo.

Intelectual es tu curiosidad por tu evolución y tu deseo de seguir aprendiendo sobre la vida. Todos hemos intentado mejorar en algo, y a veces hacen falta varios intentos para tener éxito. Cada vez que lo intentas y fracasas, eso también es evolución en movimiento. La capacidad de seguir preguntándote "por qué" es vital para una mentalidad sana, porque es la capacidad de ver la innovación. Los problemas de la vida cotidiana nunca pueden ser un reflejo unilateral de una historia, y una buena historia tiene múltiples ángulos en la trama.

Lo **relacional** tiene que ver con tus relaciones, tu sistema de apoyo de amor incondicional y tu vida social. Debido a la pandemia mundial, la ansiedad social ha aumentado por nuestra falta de conexión humana durante años. Pero tenemos suerte de vivir en una época en la que existe Internet y los vínculos sociales virtuales siguen siendo posibles.

Emocional es cómo aprecias tu vida a través de la gratitud. Dar las gracias por lo que has recibido a diario es una forma estupenda de eliminar la negatividad y el nerviosismo rápidamente.

Habrá que reaprender mucho sobre las interacciones sociales en los próximos años.

El nivel posterior al logro de la fluidez es la maestría. La maestría requiere al menos 10.000 horas para alcanzar el título de experto.

Piensa en ello como una preparación para *el futuro*. ¿Qué es la preparación para el futuro? Es la capacidad de resistir el cambio o adaptarse al cambio de situaciones futuras. Por ejemplo, tu *smartphone* se estropea con el agua, y es tu punto de acceso a tu lista de reproducción de alta energía que escuchas mientras das tu paseo diario por la naturaleza. Podrías adaptarte dando paseos silenciosos por la naturaleza en lugar de escuchar tu lista de reproducción de alta energía y escuchar la lista de reproducción en tu ordenador portátil después. No es lo ideal, pero sigues consiguiendo el cambio de baja energía a alta energía, pero no con la misma velocidad.

Un coche puede describirse como un vehículo de transporte para una persona, pero para otra puede ser un lugar de intimidad, y para otra puede ser un hogar. La perspectiva lo es todo.

Tú eres el protagonista de la historia de tu vida. ¿Cómo entiendes el funcionamiento del mundo desde el punto de vista de tu "protagonista"?

Vamos a desglosarlo aún más con las dificultades de aprendizaje. Imagina que eres autor. Obtienes tus únicos ingresos de tu dominio de la comunicación sobre un interés. Resulta que también tienes dislexia. Tienes suerte de disponer de un programa como el corrector ortográfico en tu teléfono y en tu portátil. Estás en un estado de flujo de escritura creativa, y se te escapa una palabra común que has deletreado de memoria. Repites la palabra verbalmente para intentar recordarla. Luego intentas explicarte cómo se define, cuando desistes en el intento, optas por escribir la definición entre paréntesis en lugar de la palabra, pero ahora has perdido tu estado de flujo.

Con este ejemplo, ¿te has dado cuenta de lo lejos que estás del estado de flujo que estabas experimentando antes de que esta palabra te interrumpiera y luego te distrajera? Tu mentalidad dirá que eso no es justo o ¿cómo lo arreglamos?

Si has descubierto la maestría en el arte de fluir, tardarás al menos 15 minutos en volver a ponerte en marcha.

Entonces, ¿qué haces cuando tu mente no está en un espacio seguro?

1. No juzgues y céntrate en *la ecuanimidad* (ver más abajo). Habrá pensamientos como "Oh, tío, odio cuando pasa eso", pero hay que permitir que entren. Dile a la idea: "Gracias por preocuparte", y muéstrale la salida. Haz esto durante al menos cinco minutos. Pon en marcha tu lista de reproducción curativa y medita.

2. Come si tienes hambre y realiza una actividad no relacionada con el motivo por el que necesitas entrar en estado de flujo para eliminar la presión durante al menos 10 minutos, pero esto puede durar horas o días. Es necesario eliminar la tensión de estar lejos del estado de flujo. Necesitas empezar de nuevo el estado de flujo, no volver al estado de flujo. Aumenta tu frecuencia con esta actividad no relacionada para distanciarte lo suficiente como para aumentar tu energía hacia la tarea que necesita el estado de flujo.

3. Bienvenido de nuevo a tu estado de flujo.

La ecuanimidad es un enfoque ecuánime de los obstáculos y restricciones cotidianos de la vida. No tienes el deseo de cambiar el resultado, ni la capacidad de disolverte en una obsesión. El estado mental de ecuanimidad te libera del pensamiento catastrofista. El objetivo principal de la ecuanimidad es abandonar la resistencia interior como reacción a los pensamientos de tu mente. Tu práctica consiste en desconectar los pensamientos con consciencia, sin juzgar cómo o por qué los pensamientos están ahí en primer lugar. Esta resistencia interior puede ser consciente o incluso subconsciente, y escribir un diario podría ayudar a liberar la tensión adicional. Fluir es vivir el presente. Vivir en el presente es una forma estupenda de eliminar el miedo al pasado o al futuro. Vivir en el presente es la capacidad de celebrar las pequeñas victorias. Por ejemplo, podría ser acordarte de comer antes del agotamiento mental. En esos días tristes, te permites dejarte llevar y sentir tus emociones en carne viva. Es escapar de la asimilación social durante ese minuto de meditación. Vivir de verdad elimina todos esos futuros falsos y recuerdos falsos que atesorabas en tu mentalidad. Esta capacidad de centrarte en el ahora mismo, en el momento presente, es el objetivo último de la meditación. La meditación es solo un momento para recuperarse de las comunicaciones diarias de la vida cotidiana. La meditación no es exactamente igual para todos; cantar, bailar y crear son formas de meditación.

Tu mente y la No-Mente

Tres cosas a tener en cuenta al crear una mentalidad positiva:

1. Tú no eres tu mente.
2. El momento presente es la única verdad.
3. Acepta el momento actual.

El cerebro es una herramienta condicionada, y tú no eres tu cerebro; tú eres quien tiene la autoridad real. Solo eres inconsciente de estar atascado en el piloto automático con tu condicionamiento. Los pensamientos que experimentas son respuestas condicionadas a problemas de otros u observaciones, más que pensamientos orgánicos.

Una vez que seas consciente de esta autoindagación, conciencia y atención plena, notarás algo llamado "no-mente".

"No-mente" es la brecha entre los pensamientos de falsos futuros y falsos recuerdos, los momentos de consciencia. Una forma sencilla de dar la bienvenida a la práctica de la "no-mente" consiste en hiperconcentrarte precisamente en lo que estás haciendo en el momento presente. Por ejemplo, imagina que estás pintando sobre un lienzo en un cálido día de verano. Estás al aire libre, el sol brilla y escuchas el canto de los pájaros. Estás pintando un paisaje de flores de colores, cada una diferente de la otra. Haces pinceladas, pero también utilizas los dedos. Estás disfrutando tanto que ya han pasado tres horas. Entonces desenrollas tu esterilla de yoga y te pones a meditar después de una sesión de flujo tan hermosa. Te conviertes en un observador sin juicio de todos los pensamientos que pasan por tu mente. Has hecho esto un par de veces y ahora te das cuenta de que ahora eres tú el pensador. Eres consciente y subconsciente. Has notado que tus ansias han desaparecido al darte cuenta de que nada puede hacerte feliz, porque la felicidad está presente.

La mente no tiene poder en el presente. La razón es que siempre empujará tus pensamientos hacia el pasado o el futuro. Tu auténtico yo vive en el ahora. El tiempo y la mente se combinan como la mantequilla de cacahuete y la gelatina con una persona hambrienta, y la combinación funciona bien para satisfacer el hambre. Practica observar en silencio esta interacción de la mente y el tiempo.

La mente en el tiempo

El rechazo y la culpa viven en el pasado, mientras que el deseo y las consecuencias están en el futuro.

La sensibilidad al rechazo (SR) se ha generalizado con la pandemia mundial. La sensibilidad al rechazo consiste en temer el rechazo con ansiedad; puede hacerte creer que la gente te rechazará. Las personas con SR reaccionan a esta suposición alejando a los demás. La SR puede provocar una ansiedad extrema que afecte a tu vida diaria, al tener que evitar oportunidades concretas o desarrollar ansiedad social. La sensibilidad al rechazo suele tener dos causas: trauma infantil con abandono y/o TDAH (este trastorno se centra en crear futuros falsos y recordar falsos recuerdos para validar el rechazo).

Los ataques de pánico pueden deberse tanto al rechazo como a la culpa. Los ataques de pánico son intensos, tanto física como mentalmente. Suelen surgir de la nada y suelen durar poco tiempo. Una forma de calmarte a ti mismo o a los demás durante un ataque de pánico es empezar a nombrar los colores que te rodean. Por ejemplo, si vas andando por la calle y tienes un ataque de pánico, puedes empezar a nombrar cualquier cosa que te rodee, desde el coche azul hasta la hierba verde, pasando por los zapatos magenta o la señal de stop roja. Este acto te empujará a un espacio "sin mente" y liberará el control de la mente sobre ti. Recuerda inspirar y espirar lentamente mientras nombras los objetos y los colores.

El futuro también puede provocar ataques denominados ataques de ansiedad. Los ataques de ansiedad son graduales y pueden durar meses. El pensamiento futuro de la mente está lleno de deseos y carencias y de miedo a las consecuencias. ¿Has pensado alguna vez: "por qué a mi edad aún no tengo todo lo que quiero"? La sociedad también utiliza las palabras "necesidad" y "deseo" de forma invariable, aunque sean palabras totalmente distintas. La necesidad es esencial, y un querer es un deseo, desde la ansiedad por el futuro hasta tu falta de capacidad para agradecer tus bendiciones actuales en la vida. Tu capacidad de rendirte al momento presente te permite entrar en el flujo de la energía universal y aceptar el ahora mismo.

La deuda y el estrés financiero en el cerebro causarán ansiedad y depresión, y la fe ciega lo empeorará. La fe ciega es creer en algo sin comprobar los hechos. Por ejemplo, difundes noticias falsas sin comprobar las referencias de la información. La única forma de salir de las deudas y del estrés financiero es controlar lo que puedes hacer, no estresarte por cosas que no puedes controlar. Céntrate en lo que gastas con un presupuesto, o prueba algo como gastar solo en efectivo, que puede disminuir parte de tu estrés.

¿Cuál es tu intención en esta vida? ¿No es extraño cómo esa simple pregunta tiene tanta resistencia por parte del cerebro?

Tú eres la prioridad en tu vida. Tener menos estrés en tu vida es un éxito. Es la capacidad de hacer lo que necesites sin estrés añadido. ¿Cuántos de nosotros cambiamos nuestro tiempo por lo esencial? Sin embargo, esta respuesta obvia no es el punto de vista social sobre la vida. La comunidad también quiere que te conviertas en un buen ciudadano. Esa moral compartida te permite acceder al altruismo, y a través del activismo, te encuentras con esa pregunta inoportuna: tómate un momento y reflexiona una vez más...

¿Cuál es tu intención en esta vida?

Haz una lluvia de ideas sobre las posibles razones de tu intención consciente de seguir viviendo sin juzgar.

Enumera al menos cinco razones que justifiquen tu intención de continuar.

1. ____

2. ____

3. ____

4. ____

5. ____

¿Existe alguna relación con los motivos enumerados anteriormente?

Por ejemplo, si has enumerado todos los nombres de los miembros de tu familia, tu intención consciente para el acuerdo subconsciente de continuar existiendo es tu familia, y tu legado continuará esa intención más allá de la forma física. El legado es cómo te recuerdan las personas vivas después de que te hayas ido de la forma física. La riqueza generacional es la capacidad de tener riqueza continua para financiar tu legado en la cultura global.

¿Cómo defines personalmente el término cultura? También es posible que tengas más de una cultura. Lo más probable es que tengas más de una cultura, por ejemplo, una cultura del hogar, del trabajo, de la ciudad, del país y de la tribu, por nombrar algunas.

Utiliza esto como ejemplo:

- *Cultura de origen*: Sudasiática y caribeña
- *Cultura de trabajo*: Remota y emprendedora
- *Cultura de ciudad*: Toronto
- *País*: Canadá
- *Cultura tribal*: Unidad artística

¡Tu turno! Enumera a continuación al menos cinco de tus culturas:

1. *Cultura de origen:* _______________________________________

2. *Cultura del trabajo:* _____________________________________

3. *Cultura de la ciudad:* ____________________________________

4. *País:* ____

5. *Cultura tribal:* ____

La cultura de tribu es la descripción de tu sistema de apoyo ideal para evolucionar al máximo. Los miembros elegidos de tu sistema de apoyo son los animadores del propósito de tu vida.

¿Formas parte de una cultura vista positiva o negativamente en la sociedad? Ciertas culturas se ven globalmente de forma negativa: como la experiencia negra de deshumanización, y sin embargo la perspectiva de la supremacía blanca se ve como positiva para algunos debido a su orgullo por el colonialismo. Esta globalización positiva de la blancura es la razón por la que las personas que se identifican como blancas pueden no experimentar el racismo, pero sí la discriminación debida a su raza. El prejuicio de la raza blanca no niega la visión global positiva de la blancura como "civilizada".

El estatus socioeconómico (SES) importa, y las personas más marginadas del planeta tienen muchas interseccionalidades y traumas. El SES es el privilegio económico y social que tienes en la sociedad.

¿Para ti, la definición de cultura tiene una motivación intrínseca o extrínseca?

Por ejemplo, si los medios de comunicación mundiales ven negativamente tu cultura, lo más probable es que sea la perspectiva de alguien que no forma parte de ella y, por tanto, no tiene una perspectiva adecuada de tu cultura; es una observación externa.

Todos somos bellos seres humanos, y cometemos errores, y como cultura global, debemos ser humildes en ese aspecto. Pero con nuestras interseccionalidades conocidas. Por ejemplo, dos individuos son mujeres y ambos son miembros de la comunidad asiática. Ambos individuos pueden ser discriminados o aprovecharse de ellos basándose en esas interseccionalidades, pero un individuo es madre soltera, y su interseccionalidad de ser madre tiene más capas en su discriminación o puede afectar a su SES en su vida.

Un gran ejemplo de esta interseccionalidad de la cultura en una canción es "The Heart Part 5" de Kendrick Lamar. El vídeo musical muestra ejemplos de hombres negros que tienen interseccionalidad con su experiencia en la sociedad. Como todos ellos forman parte de la experiencia negra, es irrelevante si han cometido errores, siguen formando parte de la experiencia única de ser un hombre negro en la sociedad. Hay mucho más en el vídeo musical, ya que la serie "El Corazón" que publica son reflexiones sobre cómo se siente en el mundo en la primavera de 2022.

Aquí tienes algunas preguntas más para comprender mejor tu(s) cultura(s) única(s):

¿Cuáles son los estereotipos asociados a tu(s) cultura(s)?

¿Cómo se gestiona la interseccionalidad en tu(s) cultura(s)?

¿Cómo se gestiona la salud mental en tu(s) cultura(s)?

¿Cómo se ven el estrés y el descanso en tu(s) cultura(s)?

Necesitas practicar activamente el altruismo y aceptar tu autenticidad para sentir satisfacción diaria. Ser multicultural es complejo y puede formar parte de tu interseccionalidad, y esto puede tener sus situaciones únicas que resolver. La terapia conversacional ha tenido mucho éxito a la hora de navegar por esta complejidad.

Establece una rutina diaria para continuar con la buena energía y atraer un estado de flujo.

El elemento del flujo empieza con la curiosidad, y esa curiosidad tiene que ser una prioridad diaria para sobresalir hasta el nivel de maestría. La maestría es el resultado del desarrollo del flujo. Accederás rápidamente al flujo practicando tu rutina diaria en este estado.

Ten en cuenta que la participación en el estado de flujo es un privilegio. Algunas personas nunca podrán acceder a este privilegio debido a su incapacidad para salir de un estado mental de supervivencia. Para acceder al estado de flujo, necesitas acceder a un espacio más seguro y tener la capacidad de prosperar en la vida. Tienes que satisfacer tus necesidades esenciales de supervivencia, como refugio, comida, agua y amor incondicional.

Hay que prepararse para el futuro; tu cerebro es una herramienta como un algoritmo y te empujará continuamente al pasado o al futuro. El empujón procede de la programación de la motivación extrínseca y no está programado por tu motivación interna. El objetivo es centrarse en el presente. Con el poder del ahora, accederás al poder de la estabilidad de la mente. La ecuanimidad es la capacidad de ser indiferente ante cualquier situación y no tomársela como algo personal.

Lista de control

- Continúa con tu diario de gratitud y escribe al menos una frase al día.

- En una página aparte, escribe la entrada de tu diario musical después de escuchar la canción: "Look at This (Remix)" de Tribe Called Red. ¿Cómo te hizo sentir la música?

- Pregunta para el diario: ¿Has experimentado alguna vez la fluidez?

- Hazte una rutina diaria con al menos cinco pasos.

- Continúa tu meditación.

- Continúa con tu limpieza minimalista.

Capítulo 5

DEJAR IR ¡LÁRGATE, ENERGÍA NEGATIVA!

Los latidos binaurales son una forma rápida de cambiar tu energía de baja a alta en poco tiempo. La terapia de sonido trabaja con frecuencias para alterar tus vibraciones. Estas vibraciones son las que cambian tus niveles de energía. Cada ritmo binaural tiene una razón diferente para su cambio de frecuencia.

¿Trabajas con una frecuencia alta o baja cuando realizas un proyecto? Los ritmos binaurales en frecuencia beta pueden ayudarte a alcanzar una frecuencia alta para mantener el flujo de un proyecto concreto, si es necesario. Los tonos isocrónicos no son continuos como los ritmos binaurales, lo que depende de las preferencias.

¿Qué son los ritmos binaurales y cómo pueden ayudar a fluir?

Un *latido binaural es* una diferencia entre dos frecuencias diferentes que se oyen simultáneamente. Por ejemplo, un 100hz en el auricular izquierdo y un 130hz en el auricular derecho; por tanto, el latido binaural es de 30hz, lo que lo convertiría en una frecuencia gamma en los latidos binaurales.

Existen cinco tipos de ritmos binaurales:

- La frecuencia gamma tiene una diferencia de 30-50 Hz.

- La frecuencia beta tiene una diferencia de 13-3 Hz.

- La frecuencia alfa está en una diferencia de 7-13 Hz.

- La frecuencia theta está en una diferencia de 4-7 Hz.

- La frecuencia delta tiene una diferencia de 0,5-4 Hz.

Los ritmos binaurales son una forma rápida de cambiar tu frecuencia de baja a alta en poco tiempo.

Cada latido binaural tiene una razón diferente para su cambio de frecuencia:

- Gamma te despertará.

- Beta te mantendrá centrado.

- Alfa te ayudará a reflexionar sobre la vida.

- Delta te hará dormir.

- Theta eliminará la ansiedad.

Puedes encontrar estos ritmos binaurales en Youtube. La mejor forma de escucharlos es sin anuncios y en su forma pura sin música añadida.

Una forma de experimentar esto en la naturaleza es escuchar a las ranas gritar; gritan a una frecuencia de 180 Hz, lo que favorecerá la relajación y reducirá la ansiedad. Esta frecuencia natural puede imitar los beneficios de los latidos binaurales al comunicarse dos ranas con su ligera diferencia de frecuencia, igual que tener frecuencias ligeramente distintas en cada tapón.

Otra forma de aumentar la energía es mediante la evolución, explorando el discurso y las tensiones de tu comunidad a través de la reacción. Un cambio de perspectiva puede dar lugar a una frecuencia elevada. Por ejemplo, en la comedia *stand-up* los cómicos expresan sus observaciones sobre el mundo. Un gran chiste no se anuncia y es inesperado. Para cambiar eficazmente tu nivel de energía de bajo a alto, debes disfrutar de verdad con la actuación del cómico.

El cambio es la forma natural de progresar en la vida y es la única coherencia que tenemos.

Dejar ir es la liberación del exceso de control y responsabilidad sobre ti mismo:

- "no hacer"
- aceptar el cambio
- no centrarse en los resultados
- desprenderse de los excesos

El acto de "**no hacer**" es como cultivar. El cultivo necesitará ayuda inicial para plantar, regar y tener acceso al sol. Tras la motivación extrínseca inicial por tu parte, debes dejar que el cultivo inicie su motivación intrínseca. Este permitir la automotivación de los demás es el acto de soltar el control.

Abrazar el cambio te dará mucha energía, ya que resistirse al cambio es un derroche extremo de energía. Ajustar esta mentalidad para abrazar el cambio te devolverá toda esa energía malgastada, y ahora podrás priorizarla para otra cosa. Tú eres la figura de autoridad en tu vida.

No centrarte en los resultados eliminará la presión que ejerces sobre ti mismo y te permitirá centrarte en la mentalidad de fluir floreciendo.

Desprenderse de los excesos es precisamente eso. Eliminar todo lo no esencial.

Ejercicios de placer temporal

Son actividades para que practiques el arte de dejar ir. Las actividades deben tener una duración breve; ningún elemento permanente.

Algunos ejemplos son:

Puedes soplar pompas de jabón y disfrutar de sus colores. Esta actividad puede variar el tamaño de las burbujas, y puedes añadir incluso el sentido del olfato.

Puedes dibujar un *graffiti* abstracto con tiza sin ninguna dirección, y luego dejar que tu imaginación conecte los puntos y cree una obra maestra artística. Puedes disfrutar añadiendo cosas a tu creación hasta que llueva o se lave. Esta actividad puede variar en cuanto al tamaño de la pared implicada, y puedes utilizar una variedad de tizas de distintos colores.

La observación de nubes es el acto de presenciar la formación de nubes y utilizar tu imaginación para crear una ventana temporal a la perspectiva personal, ya que nadie verá la misma imagen de imaginación de nubes.

Ejercicios permanentes y a largo plazo

Escribir un diario es una forma estupenda de vaciar los pensamientos negativos cuando se piensa demasiado, algo parecido a sacar la basura para hacer sitio a más trastos. ¿Por qué no aprender a producir menos residuos, practicando el minimalismo con el consumo de residuos? Lo mismo ocurre con los pensamientos negativos y el exceso de pensamiento; el exceso de pensamiento conduce a una sensación abrumadora de energía ansiosa, que es una frecuencia baja. Escribir es una forma eficaz de combatir el pensamiento excesivo. Cuanto más escribas, menos sobrepensarás. Un diario sirve para combatir los pensamientos negativos diarios de sobrepensar. Tu diario puede consistir en cualquier cosa que puedas hacer con una herramienta de escritura como un bolígrafo o un lápiz y un cuaderno. Nos centraremos en el diario como forma de escritura creativa.

Empieza con la fecha y una entrada en el diario con una frase como mínimo y sin extensión máxima. Puedes comprar un diario ya hecho o confeccionarlo tú mismo, pero date al menos 180 páginas. Averigua si prefieres un bolígrafo o un lápiz como herramienta de escritura y empieza. No tienes que escribir en tu diario todos los días, pero el objetivo final ideal es documentar tus emociones, experiencias y observaciones a diario. Tus emociones tienen el control cuando escribes en tu diario. Es como si estuvieras descargando traumas o bombardeando amor, pero sin una víctima: descargar traumas es el acto de descargar tu trauma en alguien sin permiso o sin provocarlo; bombardear amor da una cantidad abrumadora e incómoda de afecto a una persona con manipulación y es un comportamiento abusivo. Estos actos pueden dejar agotadas durante días o semanas a personas con enfermedades autoinmunes o problemas de salud mental. Un diario es más seguro para las emociones personales intensas, como el trauma o el afecto. Un espacio más seguro es un lugar de apoyo donde te sientas cómodo compartiendo tu vulnerabilidad sin juicios ni miedo a la discriminación. Cuando escribas un diario, es esencial que estés en un espacio físicamente más seguro donde no te interrumpan ni te molesten, ya que esto desconectará la entrada de tu diario. Una forma estupenda de empezar a escribir en el diario es hacer el ejercicio del diario de un minuto, escribiendo tanto o tan poco como quieras en un minuto. Los apuntes para el diario también son un buen punto de partida, y estos apuntes son preguntas o frases que te ayudarán a inspirarte para escribir tu entrada en el diario.

No hay reglas para la escritura en el diario, ya que esta forma de escritura creativa está llena de emociones, y la gramática y la puntuación están totalmente a merced de las emociones. Algunas personas incluso escriben sus diarios en código para mantener el contenido en secreto. Los diarios suelen escribirse en primera persona. Este estilo de escritura creativa puede mostrar maravillosamente el desarrollo de una persona de un modo muy vulnerable e íntimo. Un diario es un registro de cómo te sientes ese día en ese momento exacto. Por ejemplo, tu objetivo es que quieres cambiar a una reacción neutra ante los desencadenantes con los que te encuentras; con un diario, puedes observar cómo progresa el objetivo, si tiene éxito o fracasa, y con esa información curial, puedes continuar con el éxito o hacer los cambios necesarios para volver a intentarlo. Llevar un diario te asegura tener documentación con todos los destinatarios de los objetivos. Así podrás tomar una decisión con conocimiento de causa en lugar de continuar con el intento contentándote con el fracaso por ahora. En última instancia, la elección es tuya. Un diario es una herramienta excelente si quieres cambiar tu vida.

Escribir un diario es excelente para tu salud mental, especialmente para la depresión y la ansiedad.

El espacio más seguro permitirá la comunicación con tu niño interior. Esta conexión consciente y subconsciente Esta conexión consciente y subconsciente es vital para el éxito de la manifestación subconsciente.

La escritura del futuro es un ejercicio creativo que te permite escribir sobre el futuro en tiempo presente. Crea una hipotética historia positiva sobre obstáculos o restricciones que frenen tu evolución e incluye triunfos y celebraciones que quieras tener en tu futuro, en tiempo presente como si ya lo tuvieras.

Practica la *democracia viva*: Utiliza un círculo de conversación para despertar la empatía dentro de tu sistema de apoyo. Haz que todos se sienten en círculo y discutan los pensamientos actuales del equipo de apoyo. Asegúrate de que haya algún indicador de a quién le toca el turno; es como una tertulia para garantizar el respeto de la palabra. Las personas del círculo pueden hablar de cualquier cosa que tengan en mente, desde experiencias negativas o positivas con las que estén lidiando actualmente o experiencias que hayan perdurado.

Puede que llegue un momento en el futuro en que tu médico te prescriba la experiencia en lugar de la medicación. Cuando entras en un estado de flujo, has pasado con éxito a tu frecuencia de máximo rendimiento, un lugar superior a la alta frecuencia. Cuando sufres un desamor, una pena o una adicción, el estado de flujo es lo bastante fuerte como para sobrecargar los recuerdos en cuestión y disminuir el poder del recuerdo sobre tu mentalidad.

El ejército estadounidense realizó un estudio en el que soldados diagnosticados de trastorno de estrés postraumático (TEPT) participaron en terapia de conversación y en la actividad del surf. Cinco semanas después del experimento, los soldados experimentaron un descenso extremo de sus síntomas o se habían curado del TEPT.

El crecimiento postraumático (CPT) es el cambio psicológico de tu mentalidad a partir de la motivación intrínseca. El PTG es un cambio en tu perspectiva de entender cómo funciona el mundo y, por tanto, un cambio de perspectiva en el poder que percibes del trauma sobre tu mentalidad. Pasas del estado traumático de supervivencia al estado PTG de prosperar en la vida.

Los ritmos binaurales y una lista de reproducción de canciones con las que conectes son formas excelentes de terapia de sonido para lograr la PTG. La terapia del sonido es el acto de sanar a través del sonido, y a lo largo de este libro has ido recibiendo canciones sanadoras para formar una mini lista de reproducción sanadora con la que iniciar tu viaje con la terapia del sonido. (¡Pero recuerda que puedes crear tu propia lista musical!).

Esta evolución con cambio de perspectiva permitirá que la mente empiece a ser curiosa y comience a comprometerse con la importancia de dejar ir y la productividad. Dejar ir es el vínculo con el empuje de acceder a tu mentalidad positiva para cambiar la perspectiva de tus problemas, y eso es porque el estado de flujo es fantástico. Es la sensación de estar "colocado por la vida" sin el uso de drogas.

El acto de desprenderse de los excesos mediante el minimalismo es algo que has estado practicando a lo largo de este libro. Si tienes dificultades para desprenderte de los excesos, intenta centrarte en la belleza temporal y permítete hacer ejercicios como soplar burbujas, dibujar con tiza o contemplar las nubes.

Llevar un diario es una forma fácil y rentable de volcar tus problemas sobre el papel y dejarlos ir en lugar de crear vínculos traumáticos (apego excesivo a un maltratador o al ciclo del maltrato). Si un diario físico está fuera de tu presupuesto, prueba con un diario digital, ya que es muy ecológico.

Los círculos de conversación, o espacios donde se fomenta y cultiva el intercambio igualitario, son esenciales para la experiencia humana social. La mejor forma de tener éxito en la vida es a través de la tutoría y aprendiendo cómo otros han conseguido su éxito. Los círculos de conversación son una forma de grupo de apoyo, y la persona implicada puede decirte lo que debes evitar y orientarte en la dirección correcta hacia tus objetivos.

La experiencia es un gran sanador, aunque las personas también pueden necesitar medicación. Pero muchas veces, la medicación y los fármacos son la primera respuesta y pueden ser una distracción de las causas de los problemas de salud mental. Da miedo, pero enfrentarse a tus ansiedades y a la depresión en la vida puede resolverse eliminando la validación de futuros y recuerdos falsos para restablecer la mentalidad a un estado positivo.

Lista de control

- Escucha una frecuencia de ritmo binaural de tu elección, y escribe una entrada en tu diario sobre cómo te hizo sentir la frecuencia de ritmo binaural.

- Asiste a un círculo de conversación.

- Haz un ejercicio de placer temporal.

- Continúa tu meditación.

- Continúa con tu limpieza minimalista.

CONCLUSIÓN

La palabra "permitir" se ha utilizado mucho en este libro, y es a propósito. Es para subrayar que tú eres la figura de autoridad en tu vida. Nos han enseñado repetidamente que nuestra opinión no importa en la sociedad, pero eso es indefensión aprendida. La verdad es que ¡tu opinión importa! La opinión negativa que tienes de ti mismo influye significativamente en tu mentalidad. Cambia tu opinión negativa de ti mismo por una positiva y da un paso atrás para observar la mejora espontánea de tu salud mental general.

Tú eres la figura de autoridad en tu vida, no tu mente

Asiste a esta toma de conciencia con la meditación y conviértete en el observador de estos pensamientos externos. Deja que capten tu atención, escucha sus preocupaciones y pídeles educadamente que abandonen tu mente. Esta práctica requerirá algo de paciencia, pero confía en el proceso, y un día te librarás de las descalificaciones negativas que otros han sembrado en tu subconsciente. Permite que el asombro se apodere de tu cerebro y te recuerde lo pequeños que son tus problemas en comparación con el universo.

Utiliza una pizarra para escribir dos columnas:

Urgente: Para cosas que hay que hacer hoy, con un máximo de cinco a siete elementos.

Importante: Para cosas esenciales para la semana en curso, con un máximo de cinco a siete elementos.

La fluidez es esencial para aumentar la productividad de tu crecimiento espiritual, como ya se ha dicho, pero tu reacción ante un problema es lo que tu cerebro, como herramienta, documenta. Mediante la autoexploración que has realizado a través de este libro, actúa desde un lugar de escucha y comprensión en lugar de un lugar de reacción y respuesta; con suerte, podrás mantener un espacio más seguro para toda la humanidad en tu corazón. El altruismo que des a los demás y la aceptación de la autenticidad te guiarán hacia la paz que anhelas desesperadamente: la satisfacción de vivir, una vida en la que eres feliz y estás contento con lo que será, con todo lo que es y con todo lo que siempre será, mediante la ecuanimidad.

Tu lista de reproducción curativa

1. "Good Job" de Alicia Keys

2. " Relax, Take It Easy " de Mika

3. "Acouscous" de Emawk

4. " Look at This (Remix)" de Tribe Called Red

5. La frecuencia del ritmo binaural que elijas

Las tres primeras canciones de la lista de reproducción de sanación tratan sobre validar tu progreso en este viaje, celebrar que te arriesgas a superarte y darte la capacidad de descansar. La cuarta canción trata sobre la activación, conectándote a una frecuencia superior, y se hace con menos voces y un tempo más rápido. Los orígenes indígenas te permitirán conectar fácilmente con la naturaleza. Por último, según el ritmo binaural que elijas, podrías experimentar la percepción de tu consciente y tu subconsciente, la concentración del enfoque en un objetivo, la relajación y la reflexión sobre cómo te permites recuperarte, los estados de flujo prolongados y la curación profunda a través del sueño.

¿Qué más hay en tu lista de reproducción?

Muchas gracias por leer este libro. Espero que te sientas inspirado y motivado para perseguir tu sueño de una mentalidad positiva con tus problemas diarios. Recuerda que la paciencia es fundamental en este viaje. Por favor, no seas duro contigo mismo y ven desde un lugar en el que no te juzgues y en el que te ames incondicionalmente.

Te mereces un monólogo interior que esté de tu parte.

Paz y Amor.

BUENA VOLUNTAD

Se ha demostrado que ayudar a los demás sin esperar nada a cambio conduce a una mayor felicidad y satisfacción en la vida. Me encantaría darte la oportunidad de experimentar ese mismo sentimiento durante tu experiencia de lectura hoy...

Todo lo que se necesita son unos momentos de tu tiempo para responder una simple pregunta:

¿Marcarías una diferencia en la vida de alguien que nunca has conocido, sin gastar dinero ni buscar reconocimiento por tu buena voluntad?

Si es así, tengo una pequeña petición para ti.

Si has encontrado valor en la lectura de estas páginas, te pido humildemente que dediques un breve momento ahora para dejar una reseña honesta de este libro. No te llevará nada más que 30 segundos de tu tiempo, solo unos segundos para compartir tus pensamientos con los demás.

Tu voz puede ser de gran utilidad para ayudar a otra persona a encontrar la misma inspiración y conocimiento que tú has logrado ahora.

¿Estás familiarizado con dejar una reseña de un libro? Es muy sencillo:

Si estás leyendo en Kindle o en un lector electrónico, simplemente desplázate hasta la última página del libro y deslízate hacia arriba; la reseña debería aparecer desde allí.

Si es un libro de bolsillo o cualquier otro formato físico, puedes encontrar la página del libro en Amazon (o donde lo hayas adquirido) y dejar tu reseña allí mismo.

¡Gracias!

REFERENCIAS

Breland-Noble, A. M. (2020). *Community mental health engagement with racially diverse populations*. Academic Press.

Carmichael, E. (2022, May 2). *How to become more effective and productive in everything you do!* | Jay Shetty | Top 10 Rules. Www.youtube.com. https://www.youtube.com/watch?v=DLgMjNda9Mg

Chaieb, L., Wilpert, E. C., Reber, T. P., & Fell, J. (2015). Auditory beat stimulation and its effects on cognition and mood states. *Frontiers in Psychiatry*, 6(70). https://doi.org/10.3389/fpsyt.2015.00070

Chapman, G. D., & Summers, A. (2010). *The five love languages: How to express heartfelt commitment to your mate*. Lifeway Press.

Deci, E. L., & Ryan, R. M. (1985). *Intrinsic motivation and self-determination in human behavior*. Springer Science & Business Media.

Garcia-Argibay, M., Santed, M. A., & Reales, J. M. (2018). Efficacy of binaural auditory beats in cognition, anxiety, and pain perception: A meta-analysis. *Psychological Research*, 83(2), 357–372. https://doi.org/10.1007/s00426-018-1066-8

Godin, S., & Macleod, H. (2012). *V is for vulnerable: Life outside the comfort zone.* Portfolio/Penguin.

Harvey, S. (2018). *Jump: Take the leap of faith to achieve your life of abundance* (p. 196). Amistad Press. (Original work published 2017)

Infurna, F. J., & Luthar, S. S. (2016). Resilience to major life stressors is not as common as thought. *Perspectives on Psychological Science,* 11(2), 175–194. https://doi.org/10.1177/1745691615621271

Is A Joke, N. (2022, May 5). *Snoop Dogg: Full interview with Arsenio Hall | Netflix is a joke: The festival.* Www.youtube.com. https://www.youtube.com/watch?v=xGx1nUrkCSg

Jorgenson, E. (2020). *The almanack of Naval Ravikant: A guide to wealth and happiness.* Magrathea Publishing.

Joshua Fields Millburn, & Nicodemus, R. (2017). *Minimalism.* Sydney, New Hachette Australia.

Kotler, S., & Wheal, J. (2017). *Stealing fire how silicon valley, the navy seals, and maverick scientists are revolutionizing the way we live and work.* Dey Street Books.

Loftus, E. (2013, June). *Transcript of "How reliable is your memory?"* Www.ted.com. https://www.ted.com/talks/elizabeth_loftus_how_reliable_is_your_memory/transcript?language=en

McIntosh, J. (2018, July 16). *15 benefits of drinking water and other water facts.* Www.medicalnewstoday.com. https://www.medicalnewstoday.com/articles/290814

Moore, L. (2018). *How to be alone: If you want to, and even if you don't.* Atria Paperback.

Morin, A. (2021, August 23). *Why some people more sensitive to rejection than others.* Verywell Mind. https://www.verywellmind.com/what-is-rejection-sensitivity-4682652#:~:text=Individuals%20who%20are%20high%20in

Norman Vincent Peale. (2005). *The power of positive thinking; and, the amazing results of positive thinking.* Fireside/Simon & Schuster.

Oppland, M. (2019, July 16). *8 ways to create flow according to Mihaly Csikszentmihalyi [+TED talk].* PositivePsychology.com. https://positivepsychology.com/mihaly-csikszentmihalyi-father-of-flow/

Padmanabhan, R., Hildreth, A. J., & Laws, D. (2005). A prospective, randomised, controlled study examining binaural beat audio and preoperative anxiety in patients undergoing general anaesthesia for day case surgery. *Anaesthesia,* 60(9), 874–877. https://doi.org/10.1111/j.1365-2044.2005.04287.x

Parris, K. M., Velik-Lord, M., & North, J. M. A. (2009). Frogs call at a higher pitch in traffic noise. *Ecology and Society*, 14(1). https://doi.org/10.5751/es-02687-140125

Ryan, R. M., & Deci, E. L. (2000). *Intrinsic and extrinsic motivations: Classic definitions and new directions* (pp. 54–67). S.N.

Schwartz, D. J. (2015). *The magic of thinking big.* Touchstone.

Shetty, J. (2020). *Think like a monk: Train your mind for peace and purpose every day.* Simon & Schuster.

Tal Ben-Shahar. (2021). *Happier, no matter what: Finding pleasure and purpose in hard times.* Experiment Llc.

Talk, R. T. (2022, May 6). *Red table talk: Dr. Alfiee | Types of depression | Facebook.* Www.facebook.com. https://www.facebook.com/watch/?v=678466576591793

talks, T. (2017). *All the lonely people | Karen Dolva | TEDxArendal* [YouTube Video]. YouTube. https://www.youtube.com/watch?v=j-Gil9l8yIE

talks, T. (2020, July 9). *Being alone isn't being lonely | Ankit Shah | TEDxPineCrestSchool.* Www.youtube.com. https://www.youtube.com/watch?v=4W1E6m1EUAU

Tolle, E. (2004). *The power of NOW: A guide to spiritual enlightenment.* Namaste Pub.; Novato, Calif.

Vincenty, S. (2021, June 23). *The signs of a trauma bonded relationship can sneak up on you.* Oprah Daily. https://www.oprahdaily.com/life/relationships-love/a36788688/what-is-trauma-bonding/

Yusim, A., & Grigaitis, J. (2020). Efficacy of binaural beat meditation technology for treating anxiety symptoms: A pilot study. *The Journal of Nervous and Mental Disease*, 208(2), 155–160. https://doi.org/10.1097/NMD.0000000000001070

contacto@samueljohnbooks.com

<https://pge.me/mentalidad>

100% MENTALIDAD DE ÉXITO es un libro de motivación y superación personal. Y si es eso lo que buscas, estoy seguro de que te seré de gran ayuda.

Voy a hacerte reflexionar sobre cosas que a mí me han ayudado mucho. Te enseñaré cómo debes actuar ante determinadas situaciones, cómo afrontar otras, qué actitud tener, cómo sacar fuerzas de donde no las hay, a no tener miedo, a salir de tu zona de confort, a mejorar y a no abandonar. Te mostraré que las únicas limitaciones están en tu mente. Descubre las claves de éxito, realiza el cambio de hábitos necesario y aprende cómo obtener una correcta autodisciplna.

Eres el arquitecto de tu vida. Toma las riendas y da el primer paso para lograr aquello que deseas y tener éxito a la hora de alcanzar tus metas.

Solo tienes que dar el primer paso y tener el *mindset* adecuado. Con la actitud y mentalidad de éxito adecuadas llegarás a cumplir tus objetivos y te convertirás en un ser extraordinario.

Un viaje de mil millas empieza por el primer paso (Lao-Tse).

¿A qué esperas para lograr el éxito? ¡Da el primer paso!